Forschungen und Berichte
zur Archäologie
in Baden-Württemberg

Forschungen und Berichte
zur Archäologie
in Baden-Württemberg
Band 11

Landesamt für Denkmalpflege
im Regierungspräsidium Stuttgart

Benjamin Höke, Florian Gauß, Christina Peek und Jörg Stelzner

LAUCHHEIM II.3

Katalog der Gräber 601–900

Band II – Tafeln

2020
Dr. Ludwig Reichert Verlag Wiesbaden

Gefördert vom   Ministerium für Wirtschaft, Arbeit und Wohnungsbau Baden-Württemberg
– Oberste Denkmalschutzbehörde

Herausgeber   Landesamt für Denkmalpflege im Regierungspräsidium Stuttgart
Berliner Straße 12, 73728 Esslingen am Neckar

Die Deutsche Nationalbibliothek – CIP-Einheitsaufnahme
Ein Titeldatensatz für diese Publikation ist bei der Deutschen Nationalbibliothek erhältlich.

Für den Inhalt sind die Autoren verantwortlich.

Schriftleitung   Dr. Andrea Bräuning
Fachredaktion   Dr. Thomas Link
Redaktion und Lektorat   Dr. Martin Kempa
Layout und Satz   Verlagsbüro Wais & Partner, Stuttgart
Herstellung   Verlagsbüro Wais & Partner, Stuttgart
Designkonzeption   HUND B. communication, München
Druck   Himmer, Augsburg

Umschlag   Dr. Thomas Link, LAD; Designkonzept HUND B. communication, München
U1: Zierscheibe und Beinring aus Grab 1131;
U4: Zierscheibe aus Grab 9; Fotos LAD.

Printed in Germany
ISBN 978-3-95490-442-6

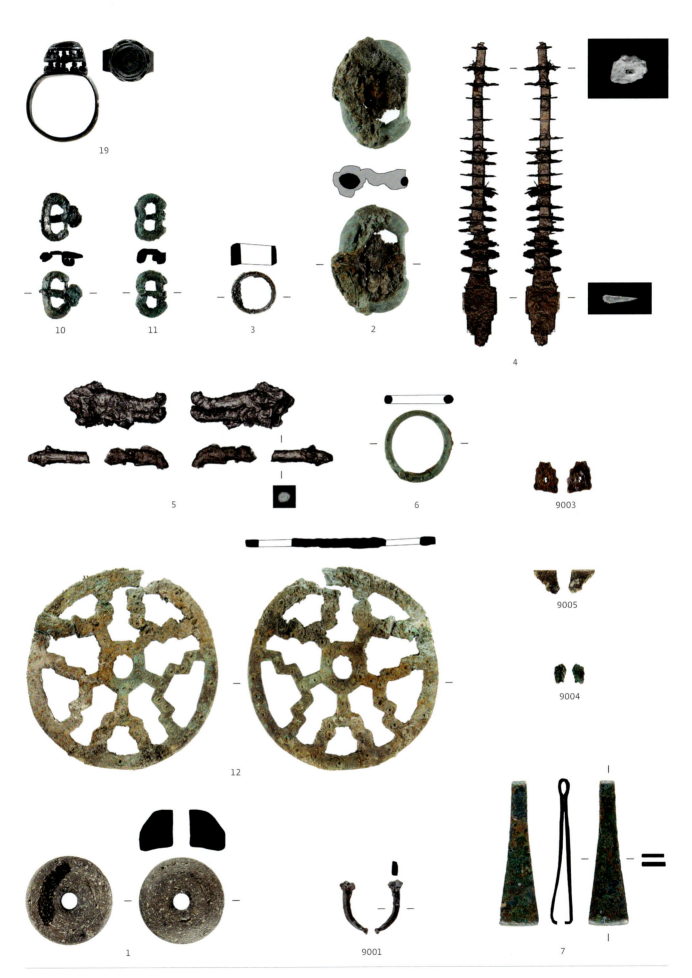

19

10   11   3   2   4

5   6   9003

9005

9004

12

1   9001   7

Grab 602. 4, 5 CT.

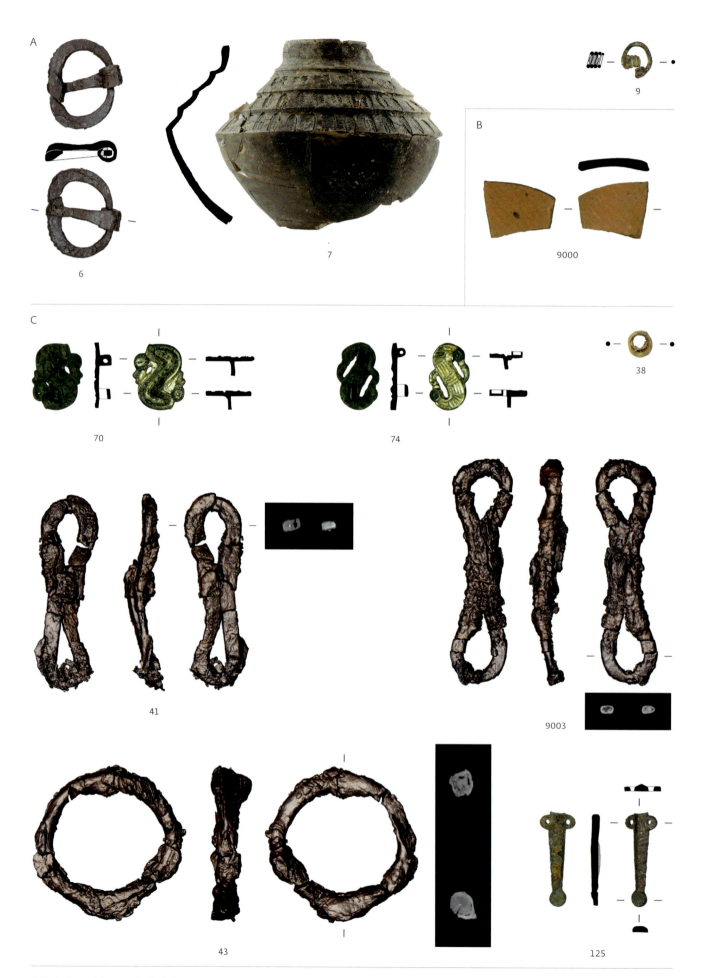

A Grab 603. 7 M. 1:3. — B Grab 605. 9000 M. 1:3. — C Grab 606. 41, 43, 9003 CT.

A

42

9006

9004

9005

44

B

125: Kartierung AC

2 mm

125: A

1 mm

125: C

A Grab 606. 42, 9004, 9005, 9006 CT. — B Grab 606 Organik.

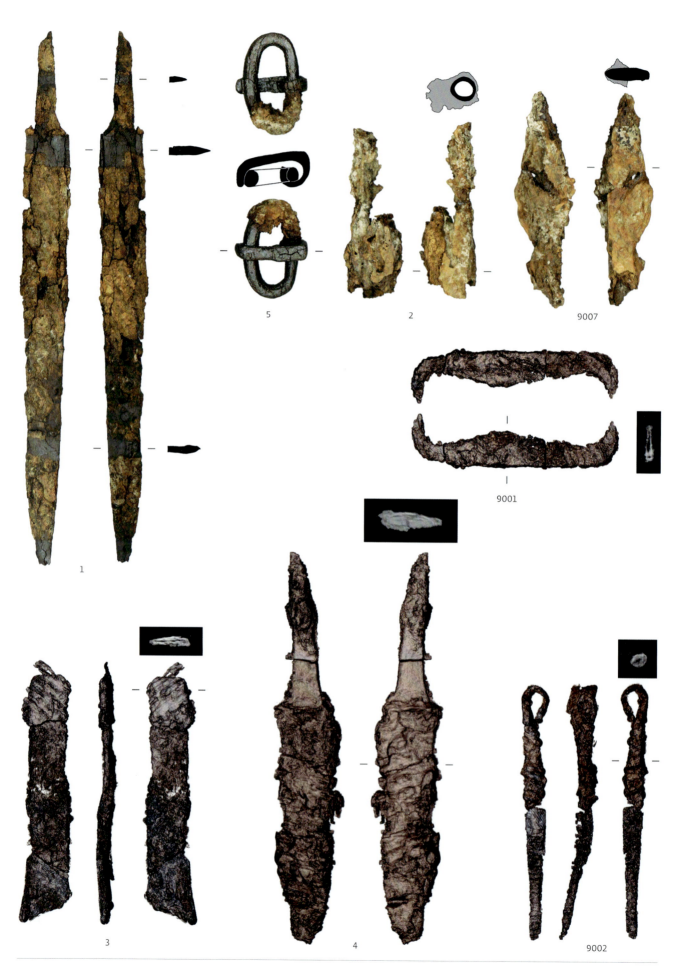

Grab 608. 1 M. 1:3. 4, 9002 CT.

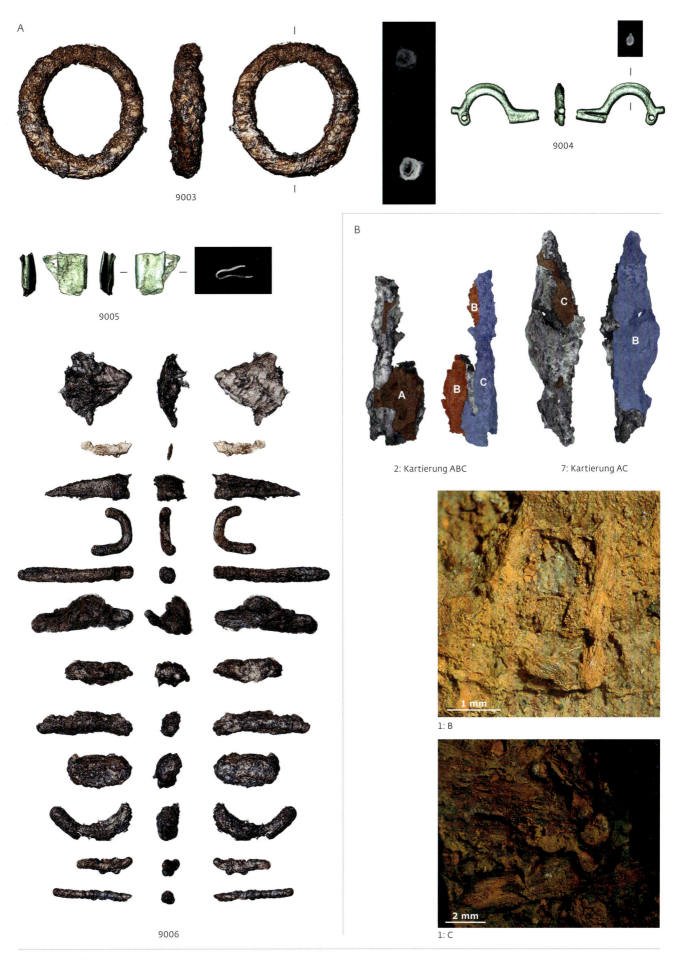

A

9003

9004

9005

9006

B

2: Kartierung ABC

7: Kartierung AC

1: B

1: C

A Grab 608, CT. — B Grab 608 Organik.

A

B

1

2

3

4

5

6

8

9000

9001

10

6: A

2 mm

A Grab 609. 1 M. 1:3. — B Grab 609 Organik.

A

10: A

1: A

1: C

C

B

1

2

9002

8

9000

1

4

5

6

7

A Grab 609 Organik. — B Grab 610. 1 M. 1:3. — C Grab 611.

A Grab 611. — B Grab 611 Organik. — C Grab 613. 4 M. 1:3.

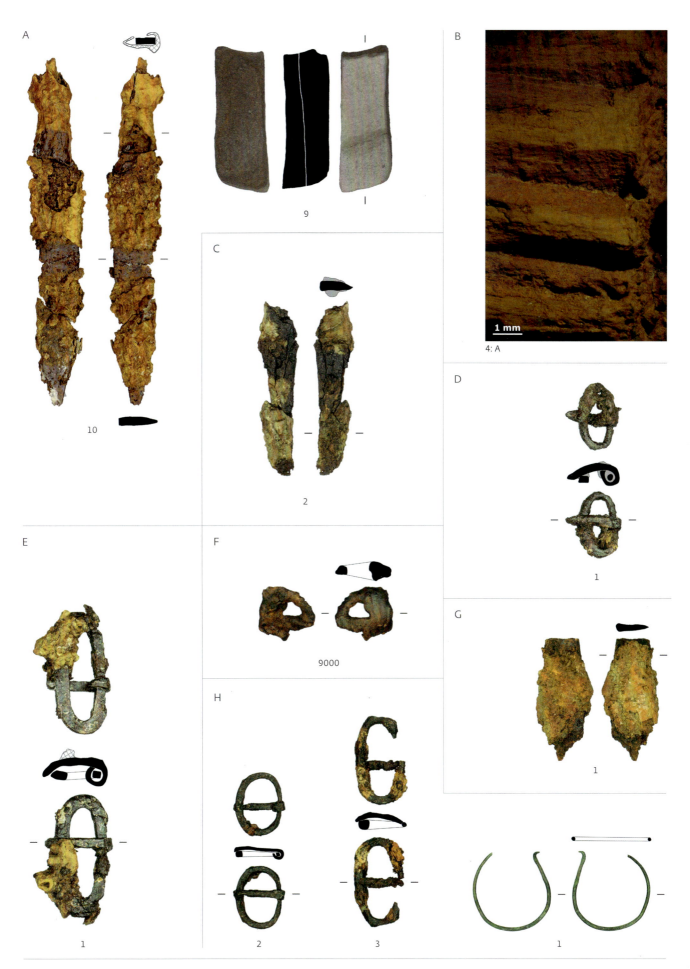

A Grab 613. — B Grab 613 Organik. — C Grab 614. — D Grab 615. — E Grab 617. — F Grab 619. — G Grab 620. — H Grab 621.1.

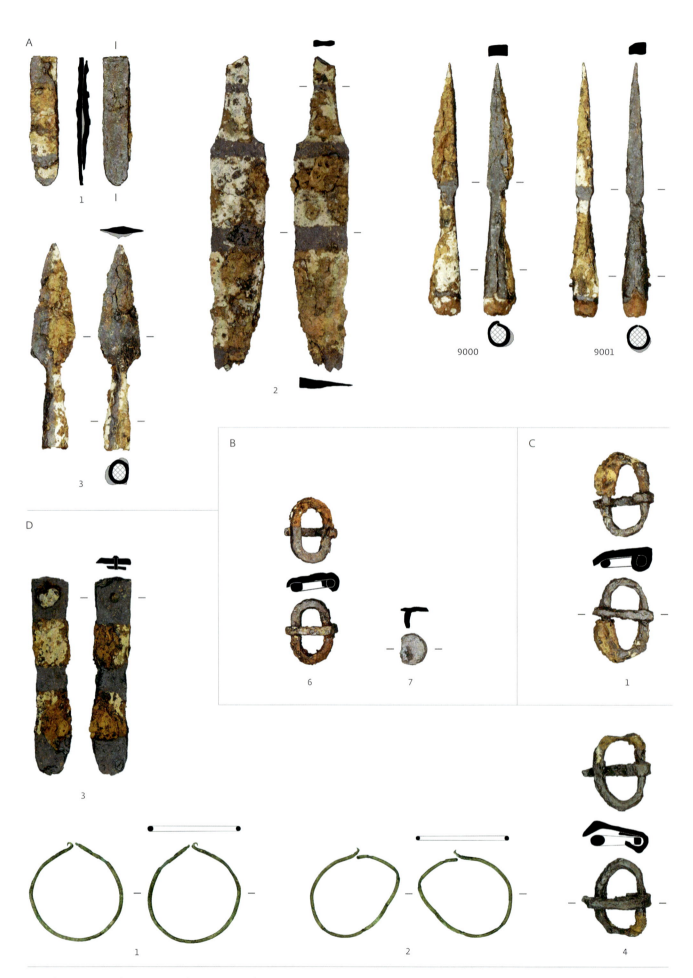

A Grab 623. — B Grab 624. — C Grab 625. — D Grab 626.

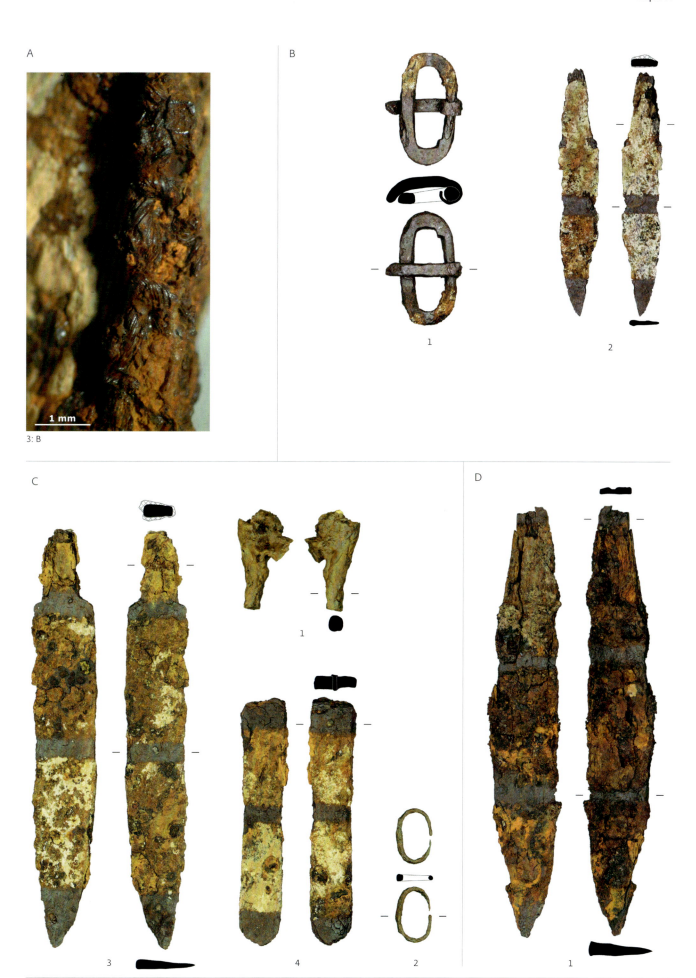

A | B

C | D

3: B

A Grab 626 Organik. — B Grab 627. — C Grab 628. — D Grab 629.

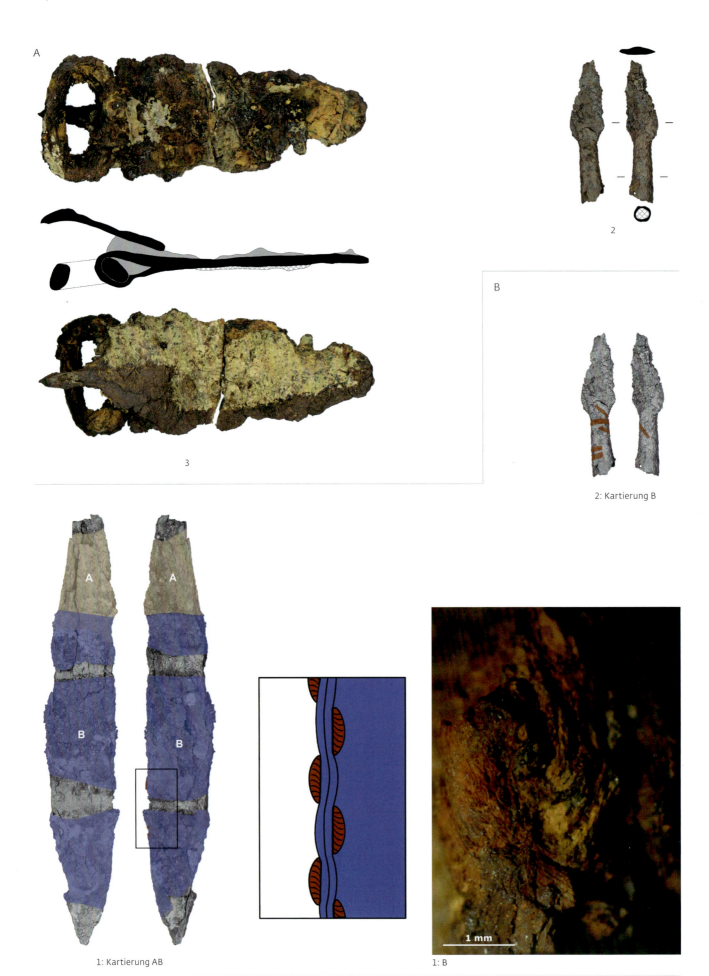

A

3

2

2: Kartierung B

B

1: Kartierung AB

1: B

A Grab 629. — B Grab 629 Organik.

A

1: A

2: B

B

1

2

C

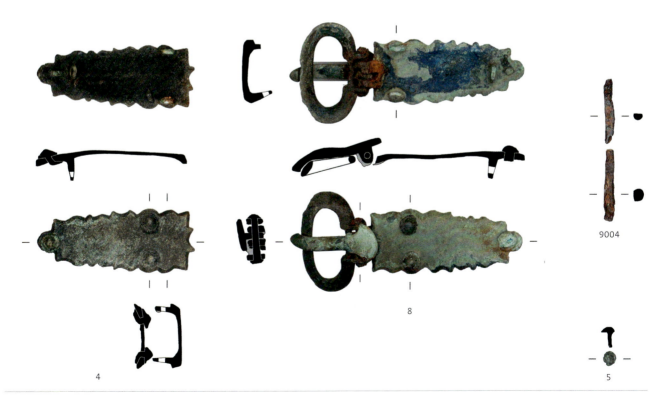

9004

4

8

5

A Grab 629 Organik. — B Grab 630. — C Grab 631.

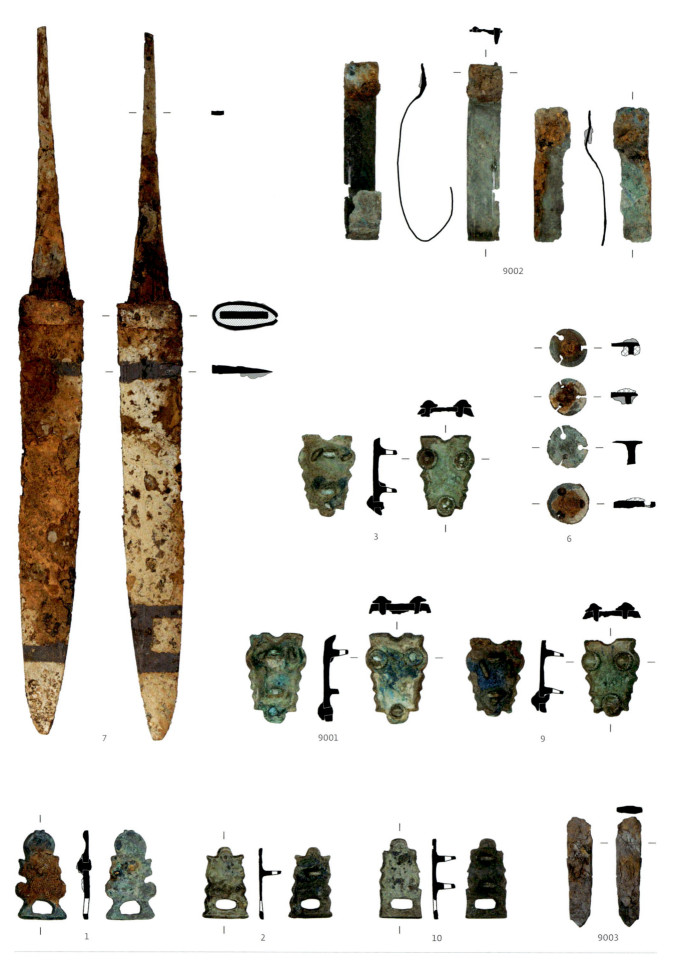

7

9002

3

6

9001

9

1

2

10

9003

Grab 631. 7 M. 1:3.

A

1: Kartierung A

2 mm

7: A

2 mm

7: B

2 mm

1: A

B

1

10

A Grab 631 Organik. — B Grab 633. 1 M. 1:3.

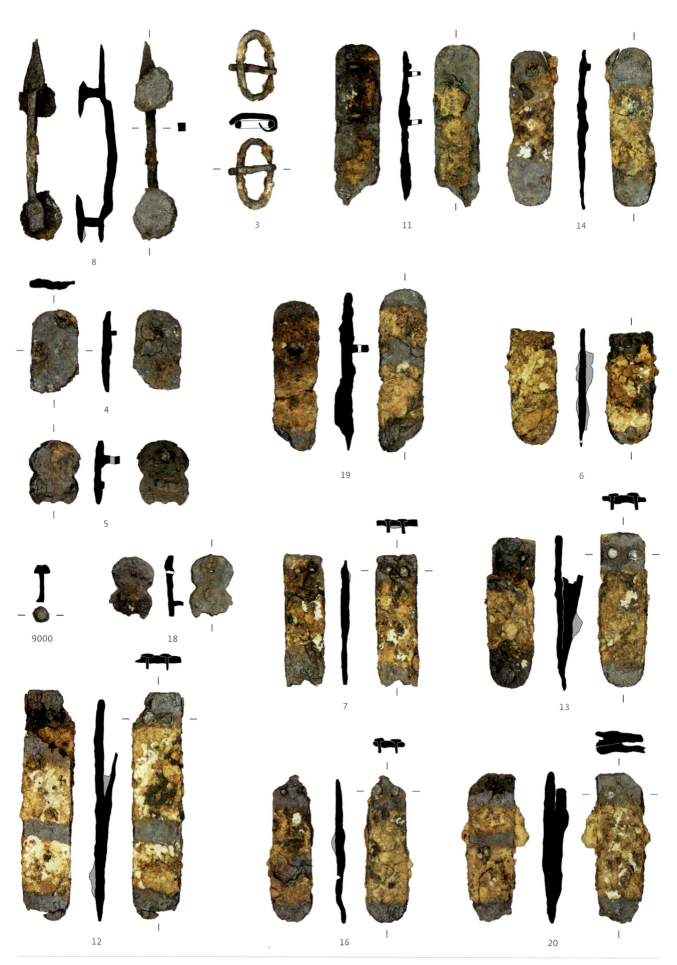

8

3

11

14

4

5

19

6

9000

18

7

13

12

16

20

Grab 633. 9000 M. 1:1.

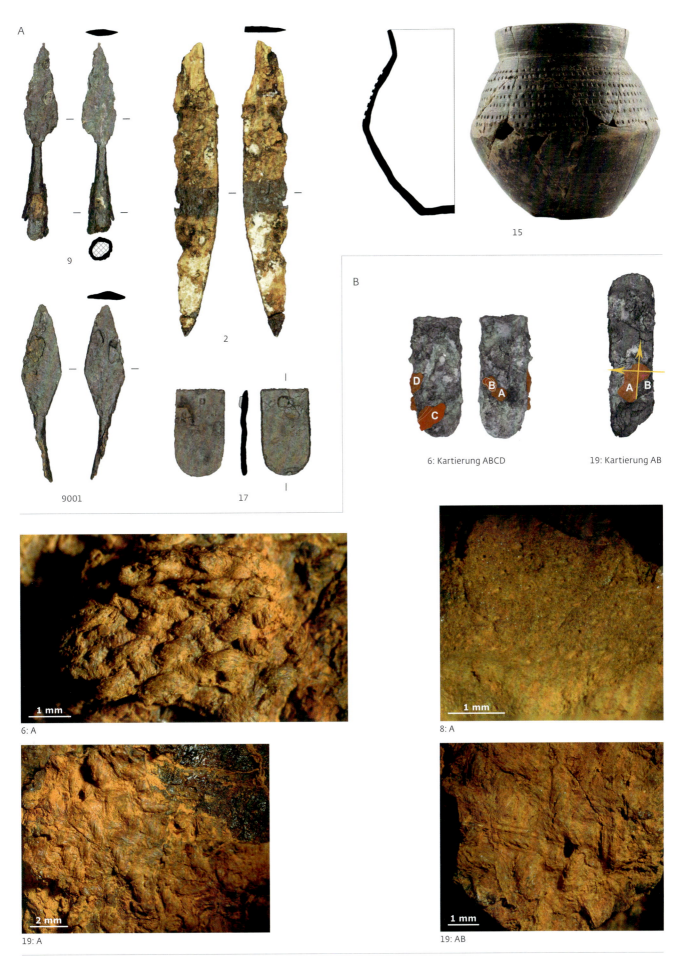

A

9

2

9001

17

15

B

6: Kartierung ABCD

19: Kartierung AB

6: A

1 mm

8: A

1 mm

19: A

2 mm

19: AB

1 mm

A Grab 633. 15 M. 1:3. — B Grab 633 Organik.

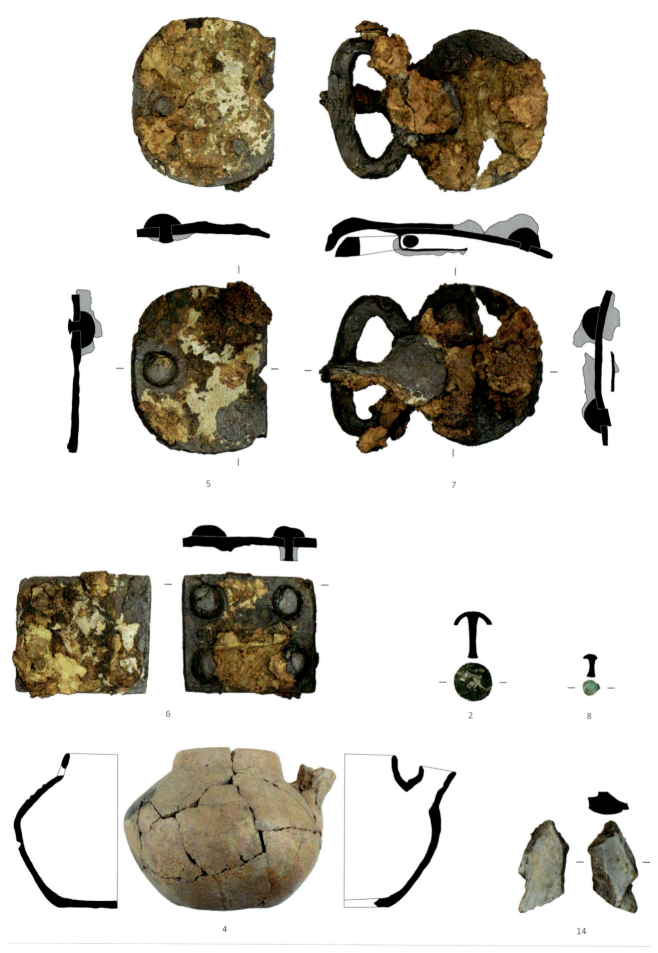

5

7

6

2

8

4

14

Grab 634. 4 M. 1:3.

A   B

1: C

1: C

1: E

1: F   1: H

A Grab 634. 1 M. 1:3. — B Grab 634 Organik.

A

1: I

6: A

5: D

B

1

C

1: Kartierung ABCD

7: B

1: C

A Grab 634 Organik. — B Grab 635. — C Grab 635 Organik.

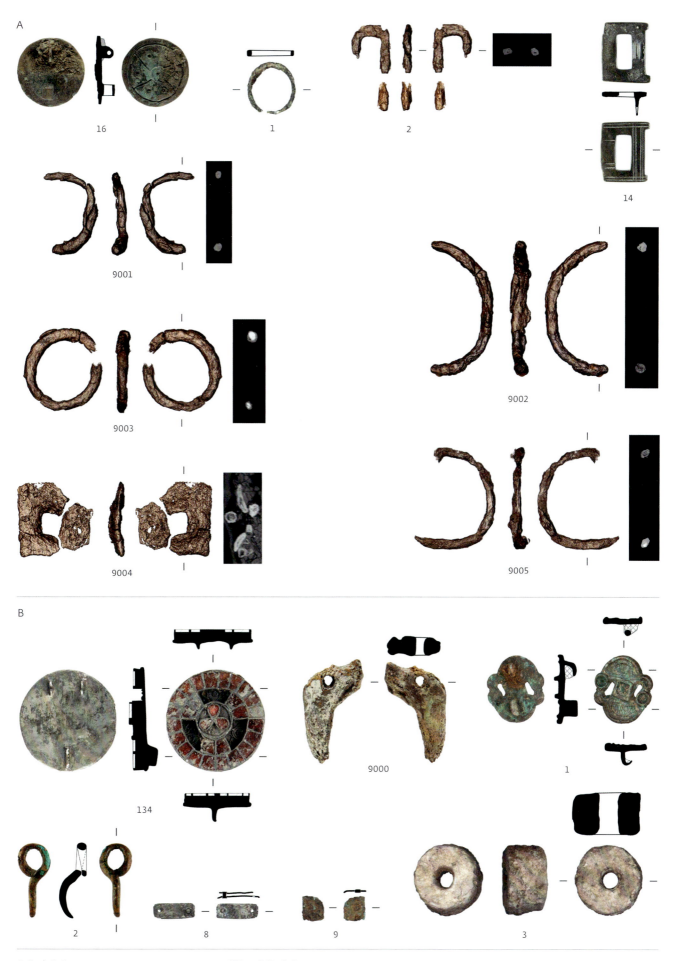

A

16

1

2

14

9001

9002

9003

9004

9005

B

134

9000

1

2

8

9

3

A Grab 636. 2, 9001, 9002, 9003, 9004, 9005 CT. — B Grab 637.

A

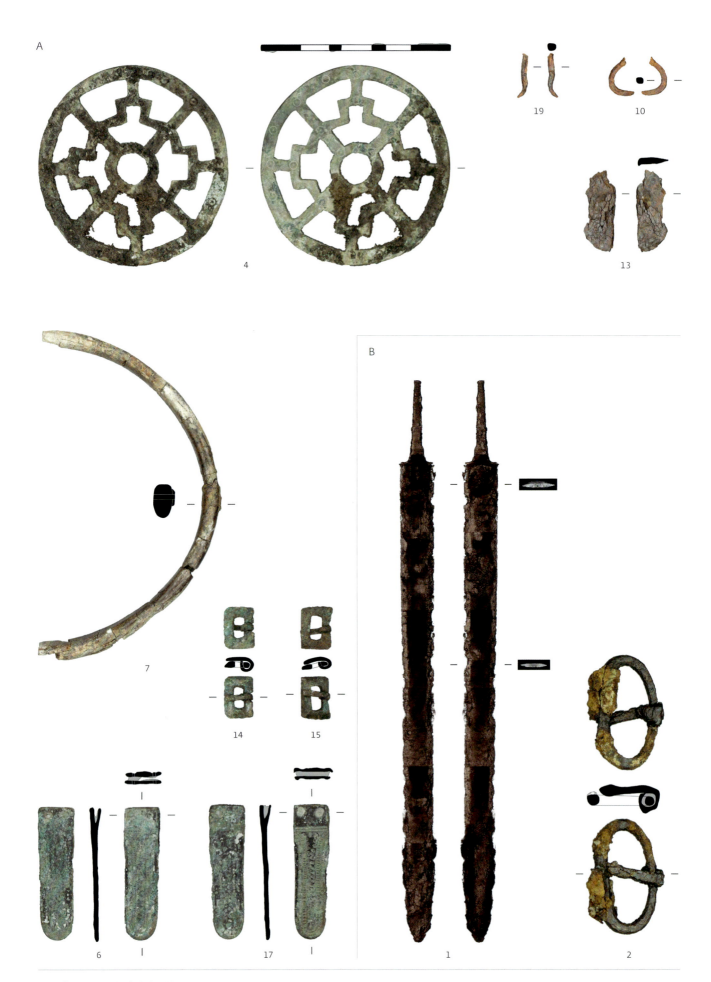

A Grab 637. — B Grab 638. 1 M. 1:5.

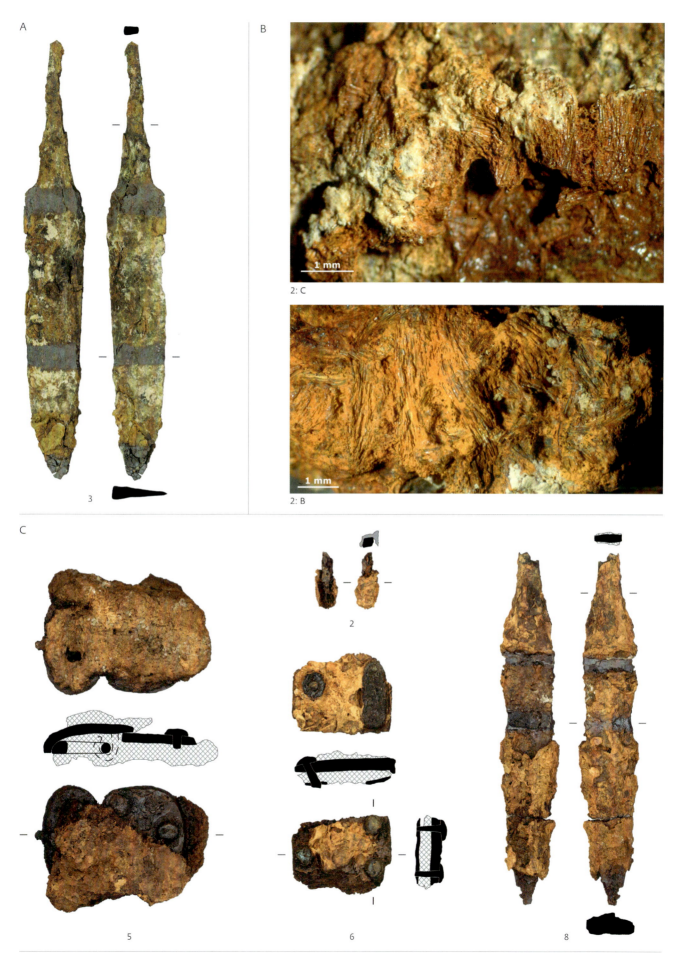

A Grab 638. — B Grab 638 Organik. — C Grab 639.

A

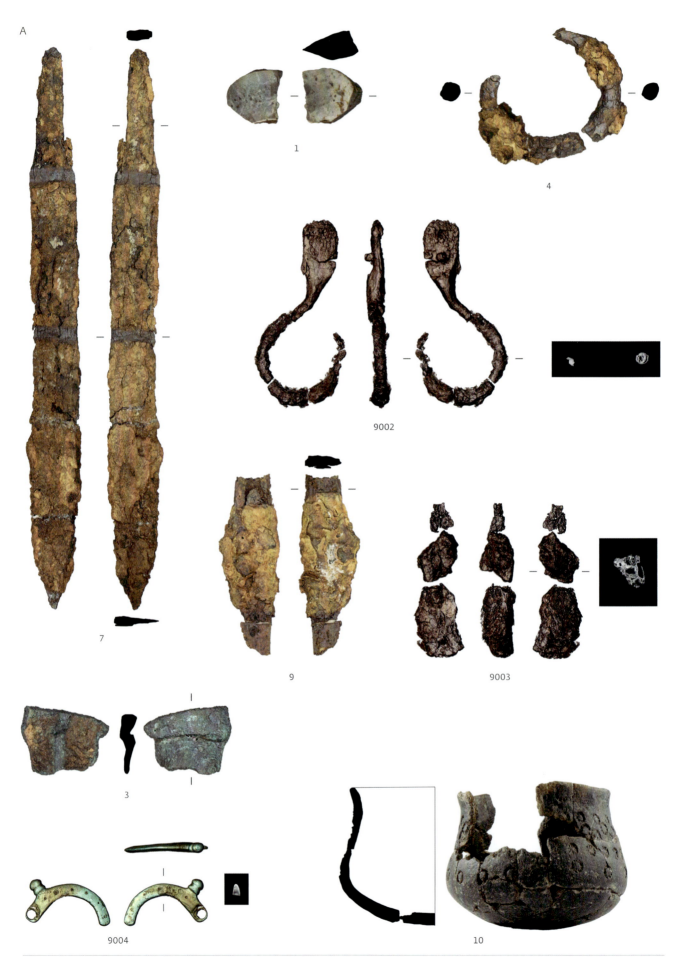

1

4

9002

7

9

9003

3

9004

10

A Grab 639. 7, 10 M. 1:3. 9002, 9003, 9004 CT.

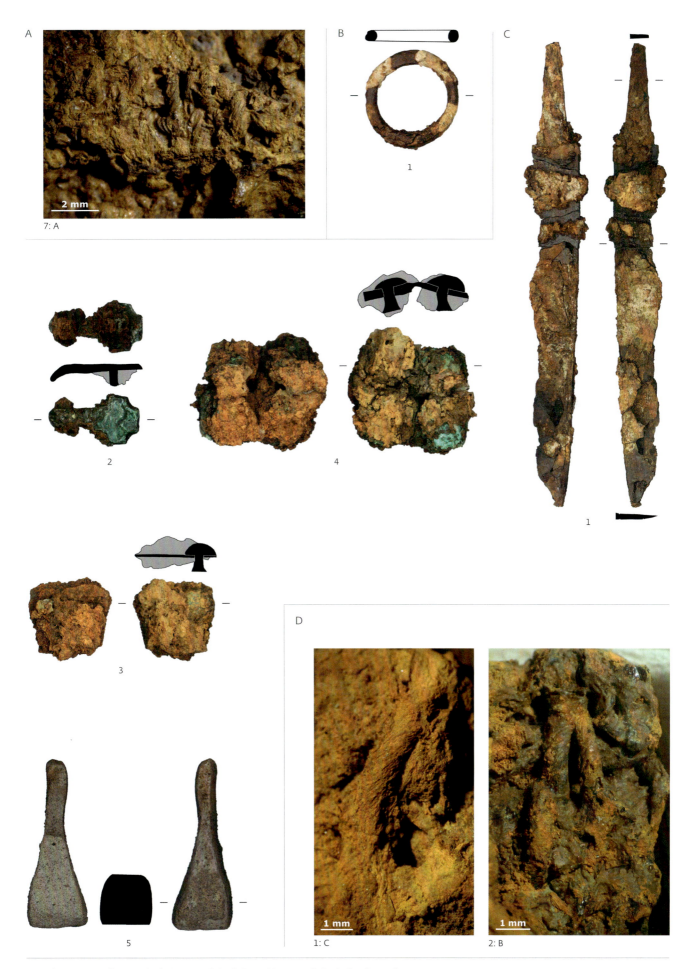

A Grab 639 Organik. — B Grab 640. — C Grab 641. 1 M. 1:3. — D Grab 641 Organik.

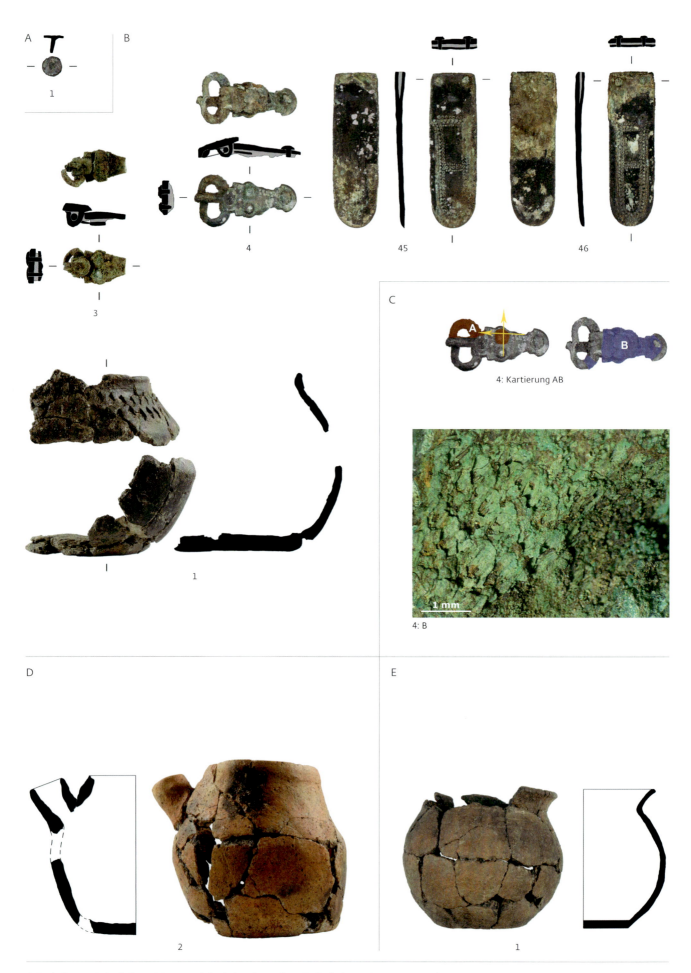

A Grab 642. — B Grab 643. 1 M. 1:3. — C Grab 643 Organik. — D Grab 644. 2 M. 1:3. — E Grab 645. 1 M. 1:3.

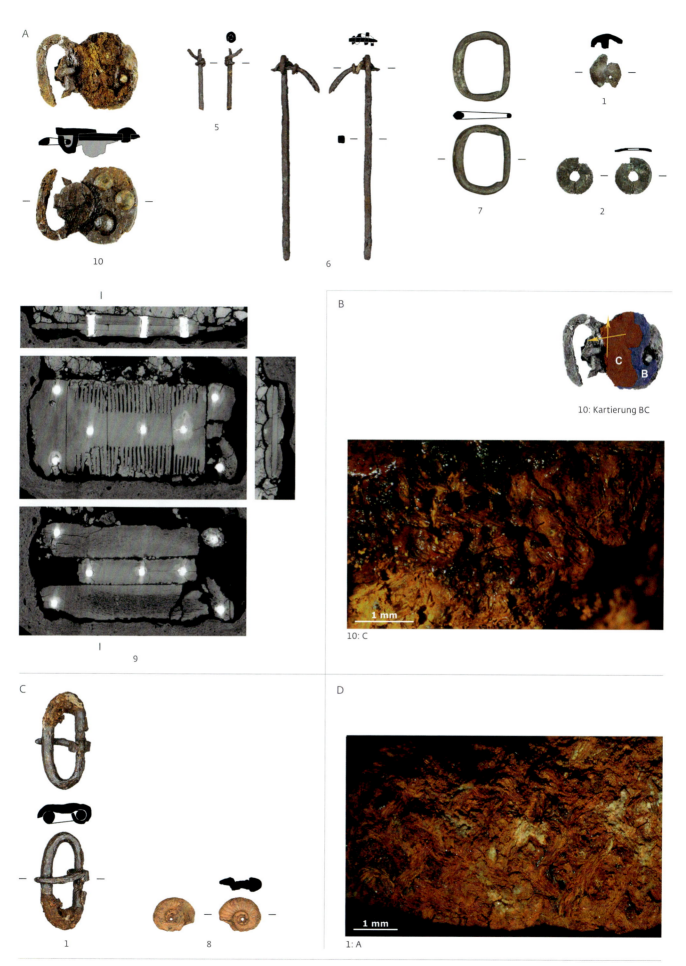

A Grab 646. — B Grab 646 Organik. — C Grab 647.

A   B   C

1

2

5

4

7

6

8

D

6: Kartierung A

6: A

6: A

A Grab 648. — B Grab 649. — C Grab 650. — D Grab 650 Organik. 6: A ohne Maßstab.

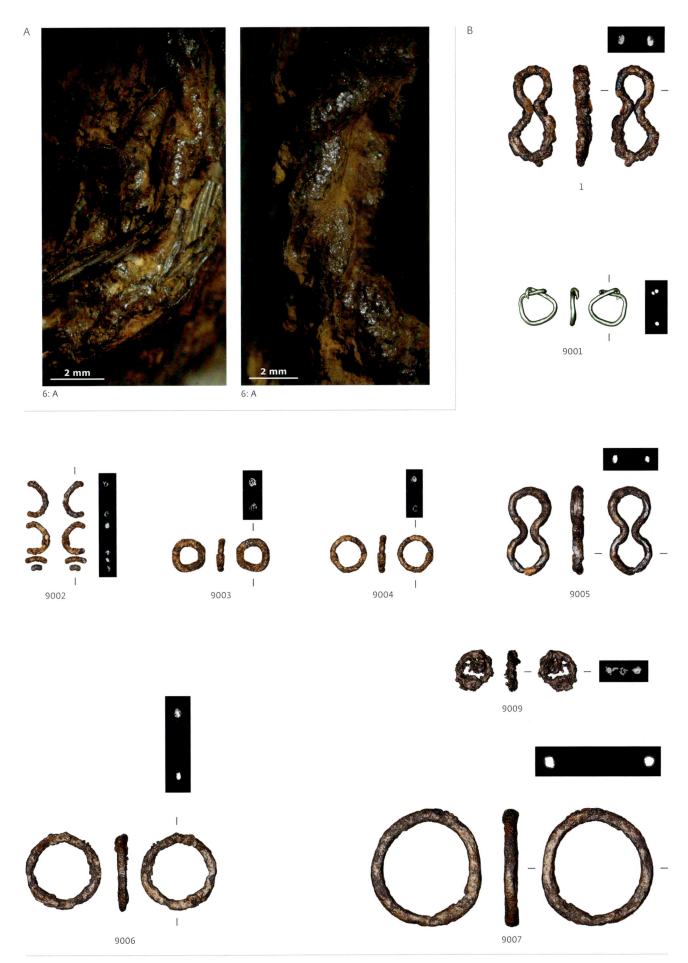

A
6: A
2 mm
6: A
2 mm

B
1
9001
9002
9003
9004
9005
9009
9006
9007

A Grab 650 Organik. — B Grab 651, CT.

A Grab 652. — B Grab 653. 1 M. 1:3. — C Grab 654.

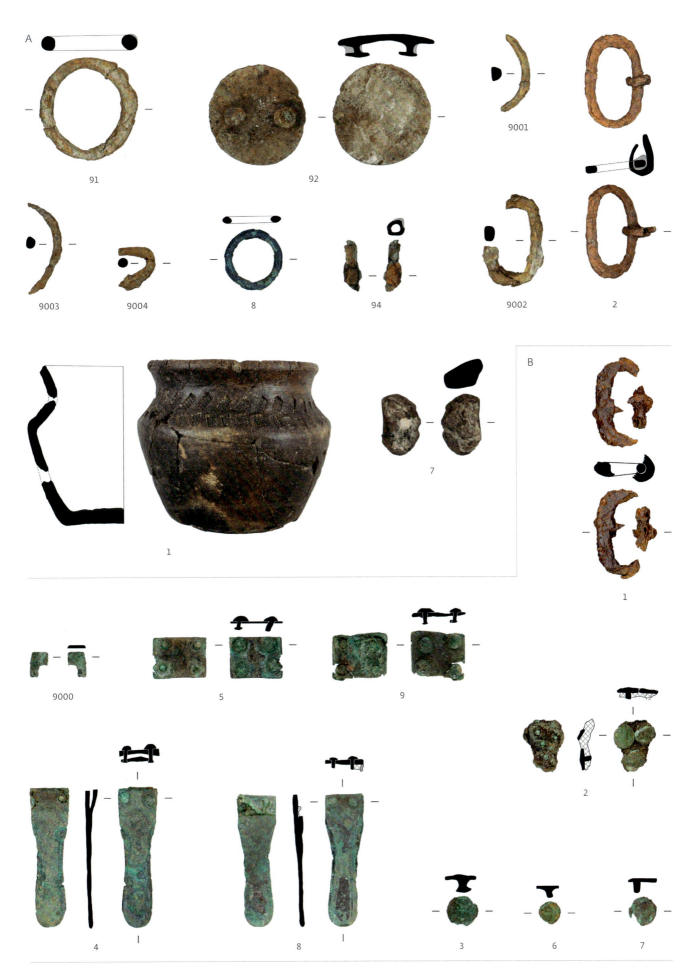

A

91

92

9001

9003   9004   8   94   9002   2

1   7

B

1

9000   5   9   2

4   8   3   6   7

A Grab 654. 1 M. 1:3. — B Grab 655.

A

1

2

30

B

1

11

10

4

6

3

2

C

4: Kartierung ABCDE

5: Kartierung A

4: A

2 mm

5: Kartierung B

2: B

1 mm

4: A

1 mm

A Grab 656. 30 M. 1:3. — B Grab 657. — C Grab 657 Organik.

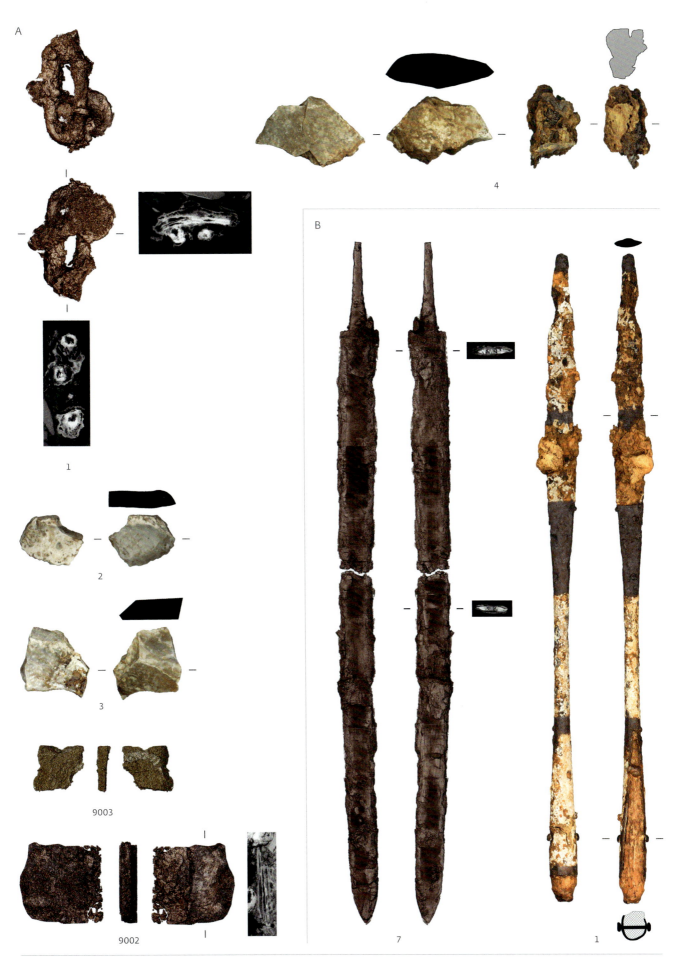

A Grab 658. 1, 9002, 9003 CT. — B Grab 659. 7 M. 1:5, 1, 7 M. 1:3.

A

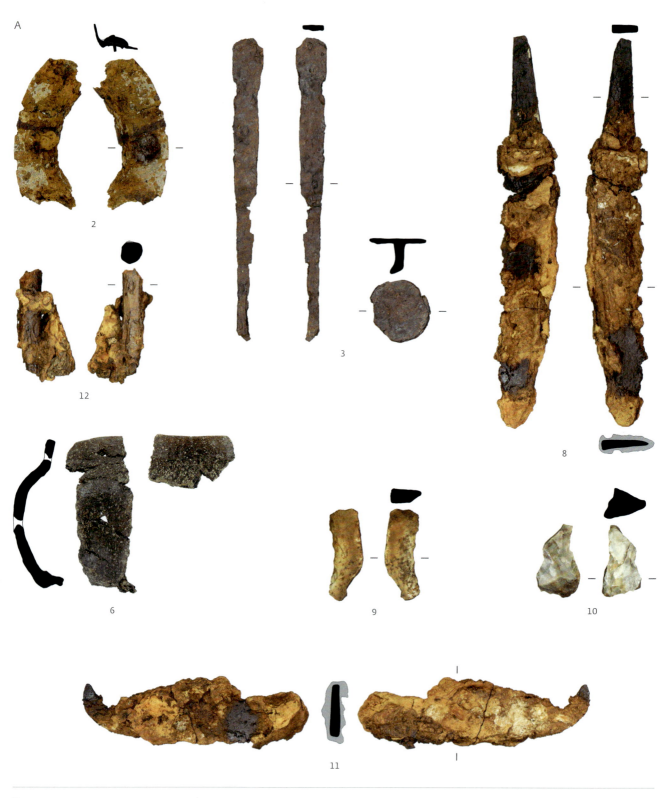

2

12

3

8

6

9

10

11

B

11: Kartierung ABCD

A Grab 659. 2, 6 M. 1:3. — B Grab 659 Organik.

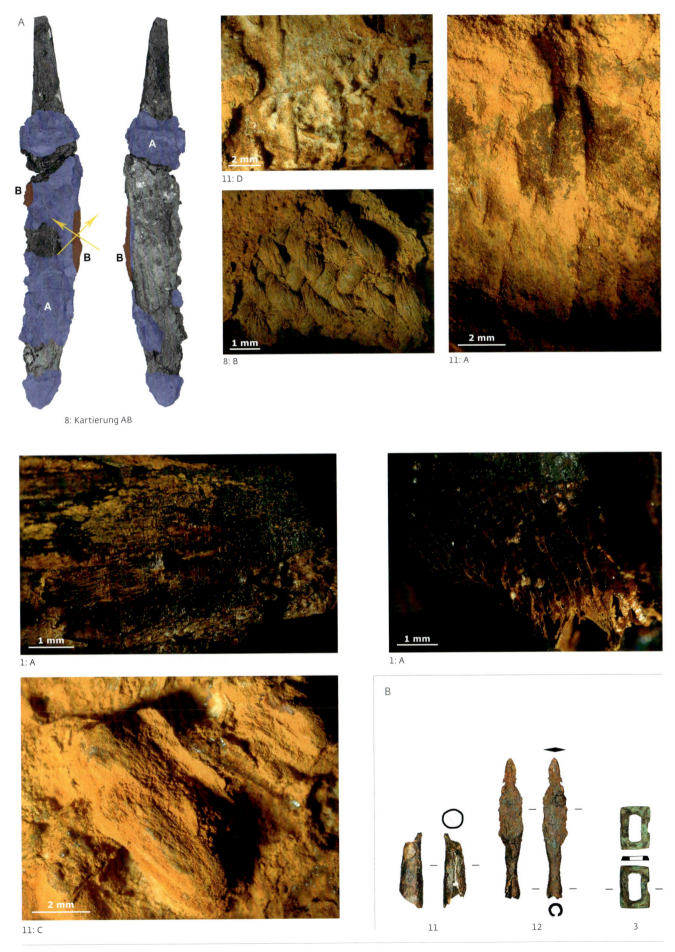

A

B

A

B

B

B

A

8: Kartierung AB

2 mm

11: D

1 mm

8: B

2 mm

11: A

1 mm

1: A

1 mm

1: A

2 mm

11: C

B

11

12

3

A Grab 659 Organik. — B Grab 660.

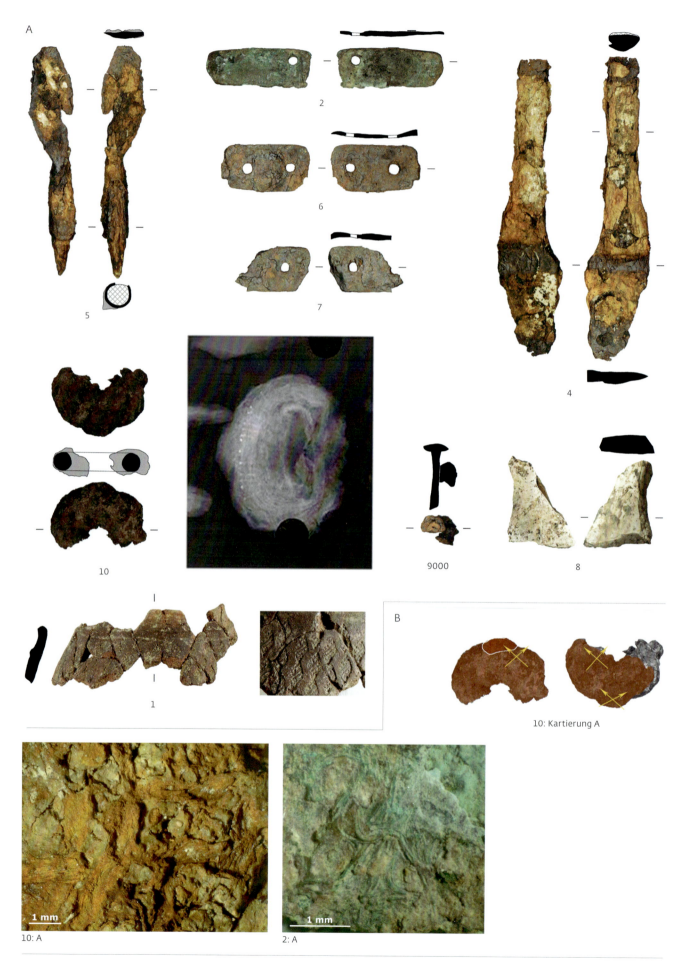

A

2

6

7

5

4

10

9000

8

1

B

10: Kartierung A

10: A

1 mm

2: A

1 mm

A Grab 660. 1 M. 1:3. — B Grab 660 Organik.

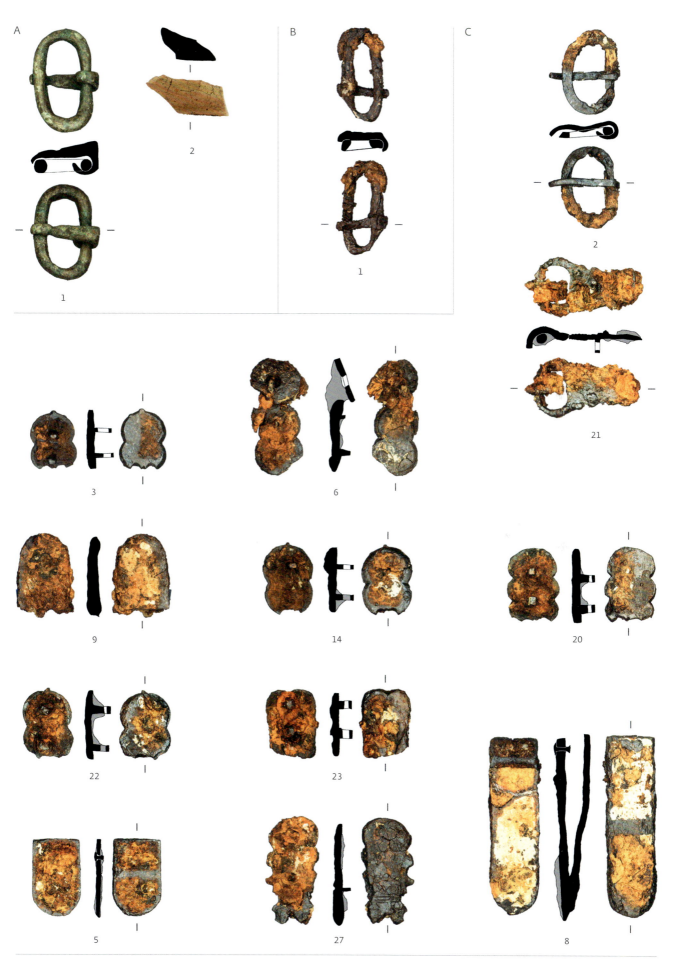

A Grab 661. 2 M. 1:3. — B Grab 662. — C Grab 663.

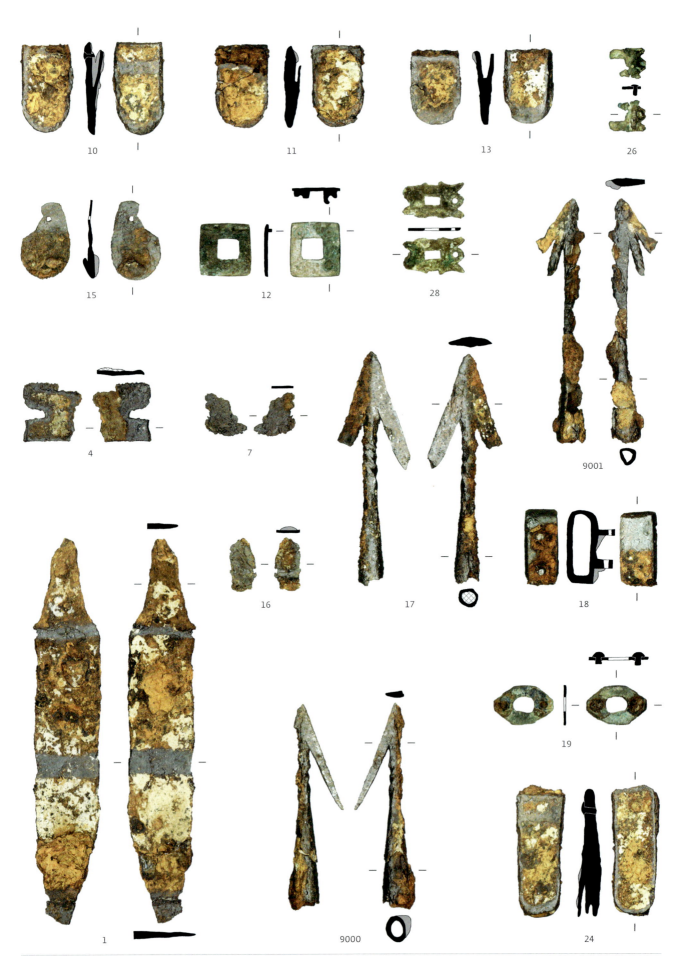

10   11   13   26

15   12   28   9001

4   7   17   18

1   16   9000   19   24

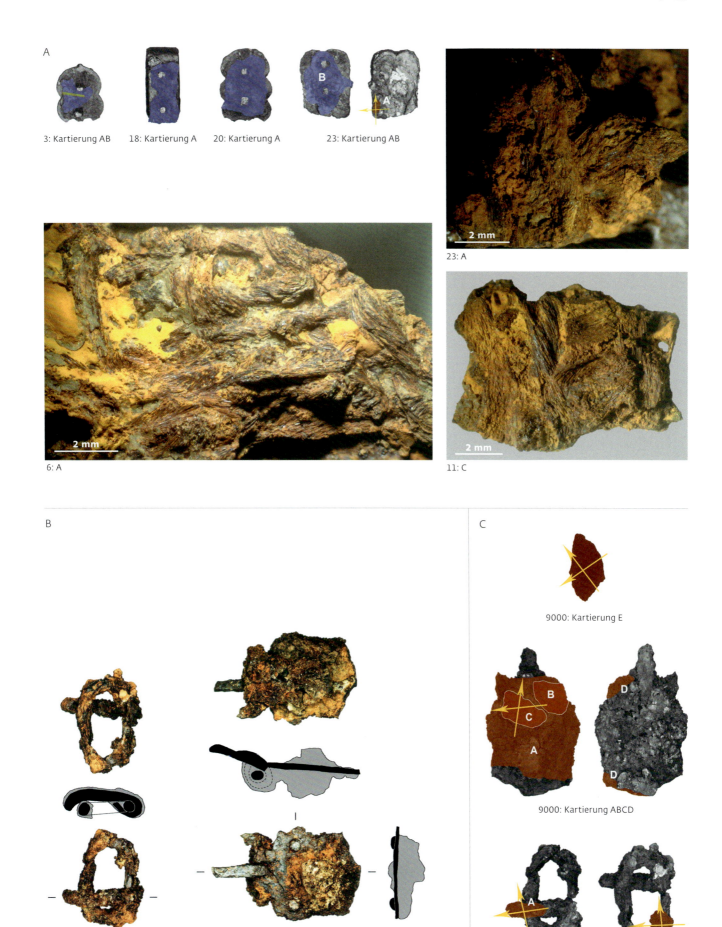

A

3: Kartierung AB 18: Kartierung A 20: Kartierung A 23: Kartierung AB

23: A

6: A

11: C

B

1

9000

C

9000: Kartierung E

9000: Kartierung ABCD

1: Kartierung AB

A Grab 664 Organik. — B Grab 665.1. — C Grab 665.1 Organik.

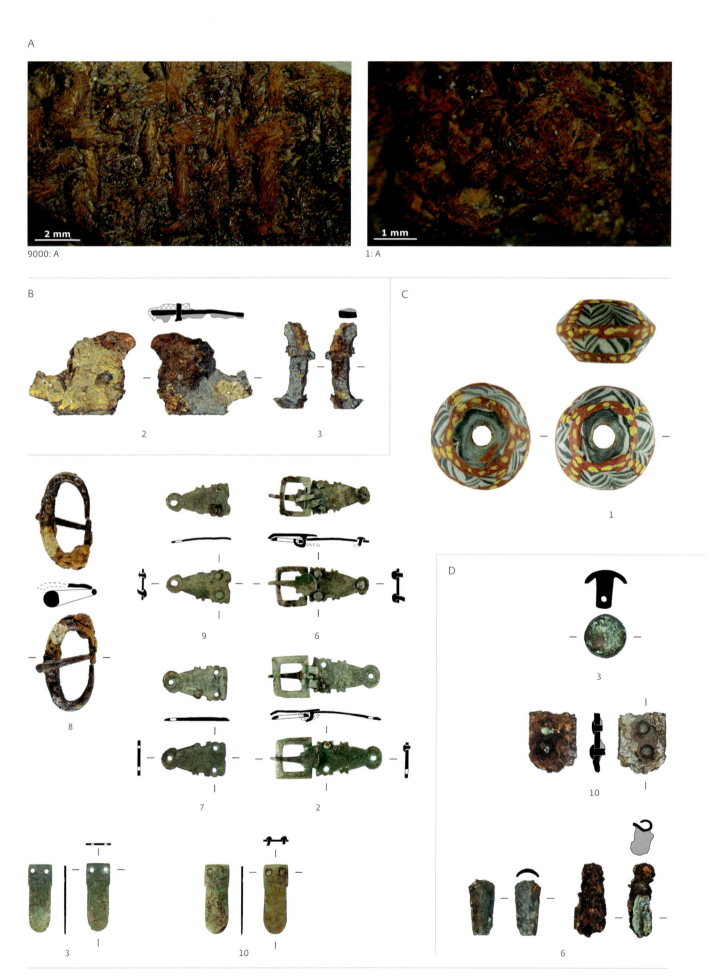

A Grab 665.1 Organik. — B Grab 665.2. — C Grab 667. — D Grab 669.

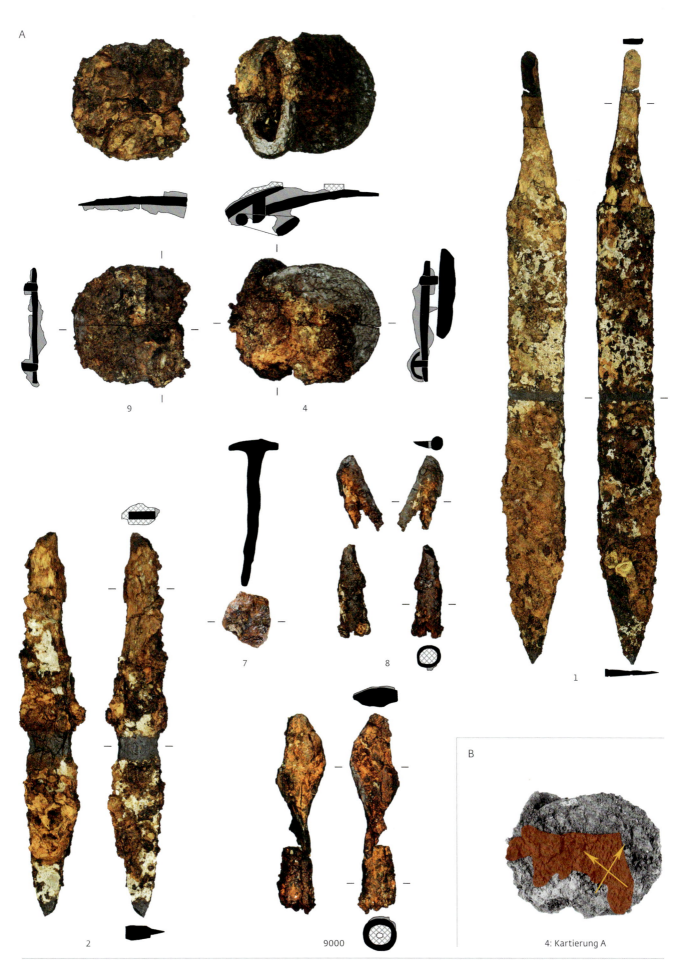

A

9

4

7

8

2

9000

1

B

4: Kartierung A

A Grab 669. 1 M. 1:3. — B Grab 669 Organik.

A

B

1 mm

8: B

3 mm

4: A

1

4   3   8   9   11   7

A Grab 669 Organik. — B Grab 670. 1 M. 1:3.

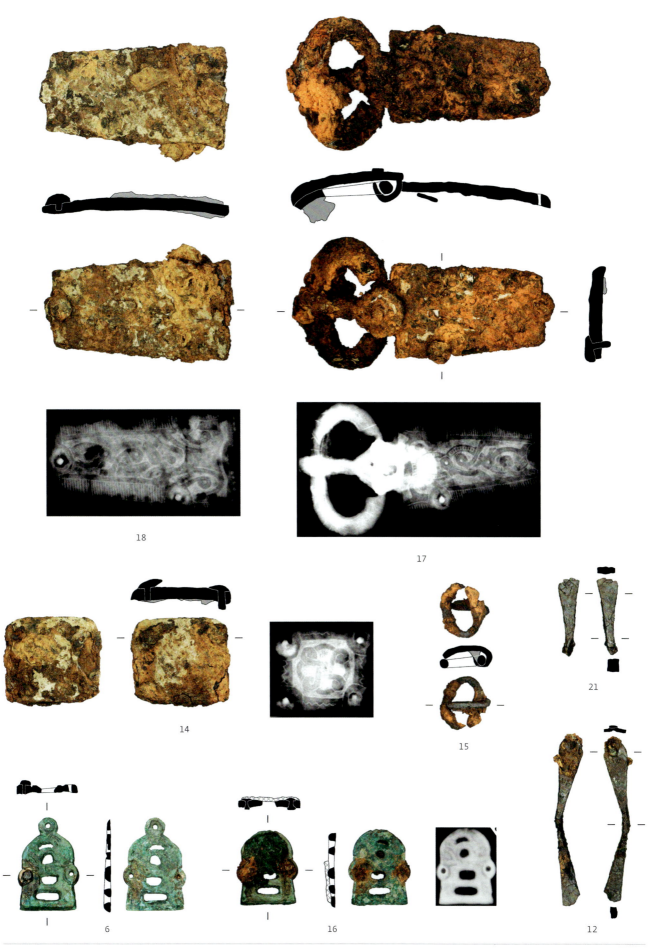

Grab 670.

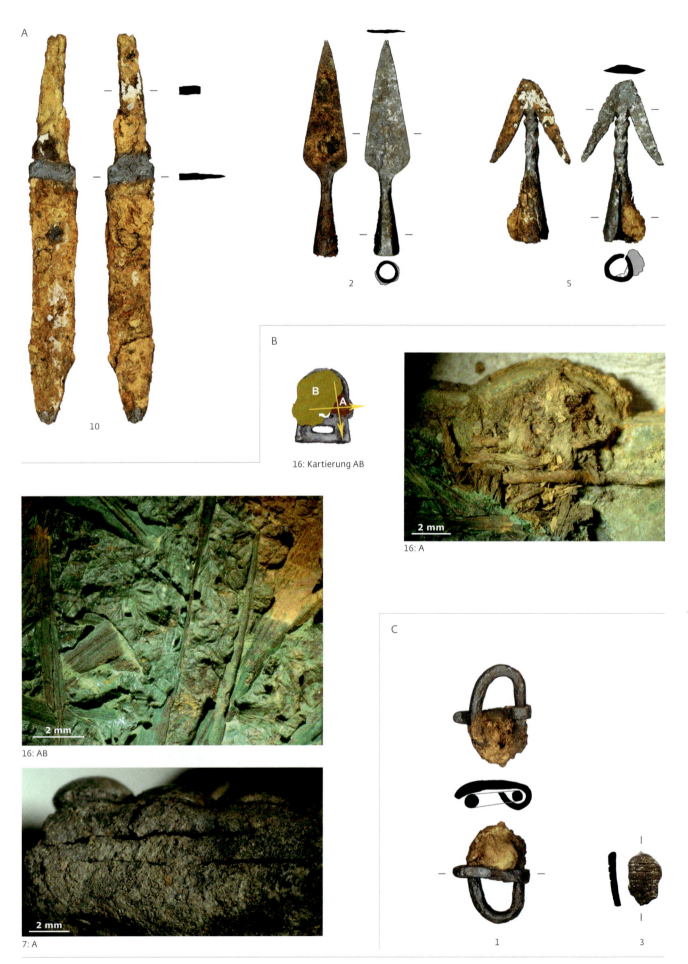

A

10

2

5

B

16: Kartierung AB

16: A

2 mm

16: AB

2 mm

7: A

2 mm

C

1

3

A Grab 670. — B Grab 670 Organik. — C Grab 671.

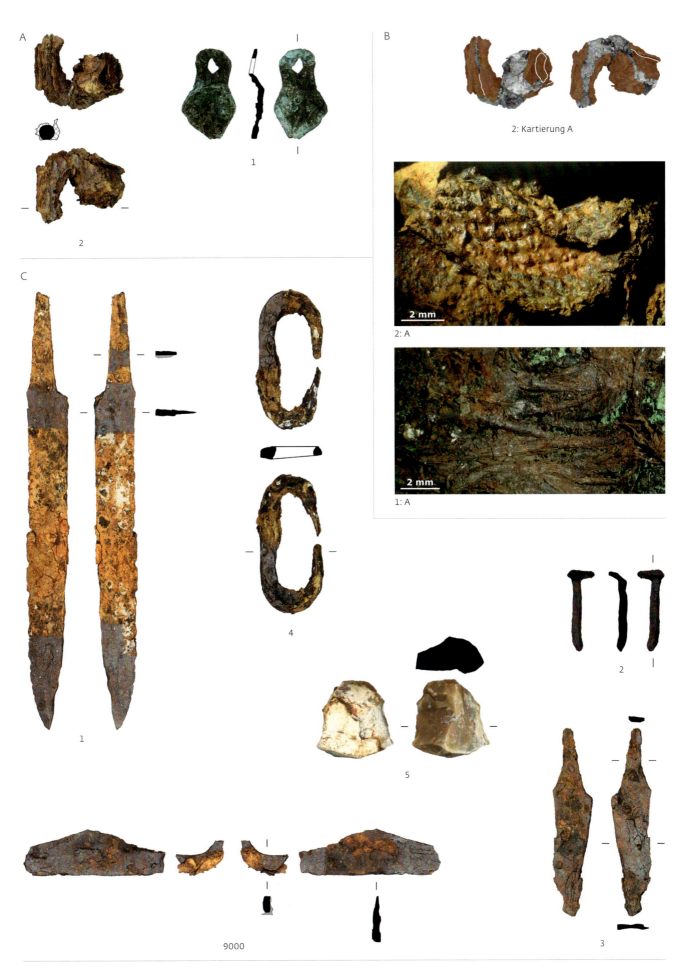

A

B

2: Kartierung A

2 mm

2: A

2 mm

1: A

C

2

1

4

5

9000

3

A Grab 673. — B Grab 673 Organik. — C Grab 674. 1 M. 1:3.

Tafel 46

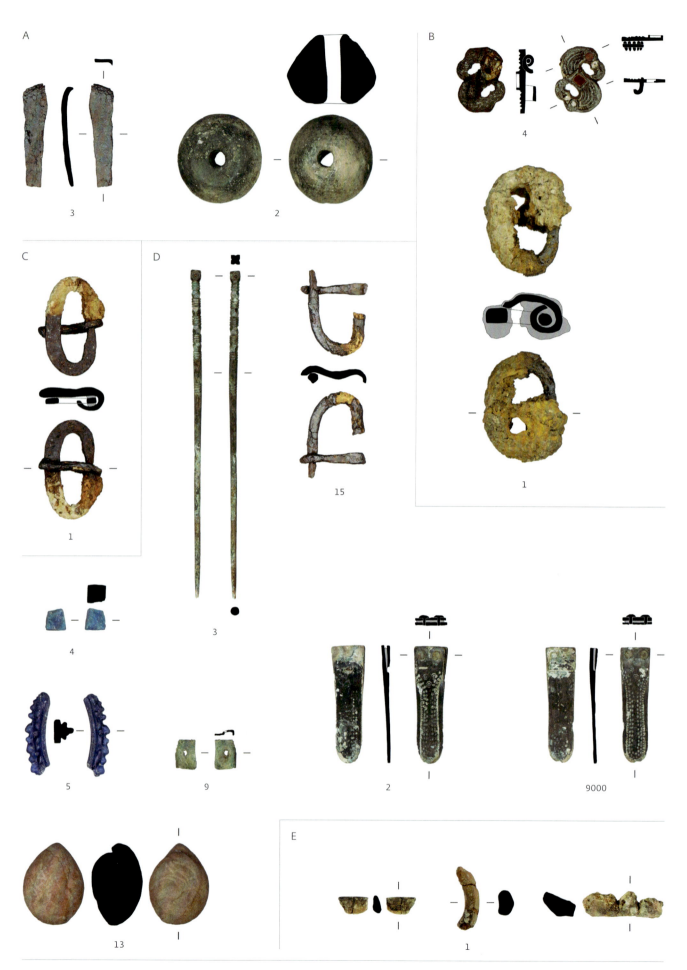

A Grab 675. — B Grab 676. — C Grab 677. — D Grab 678. — E Grab 679. 1 M. 1:3.

6   4   7

20   2   14   9

Grab 680. 6 M. 1:5, Detail, 9 M. 1:3. 6 CT.

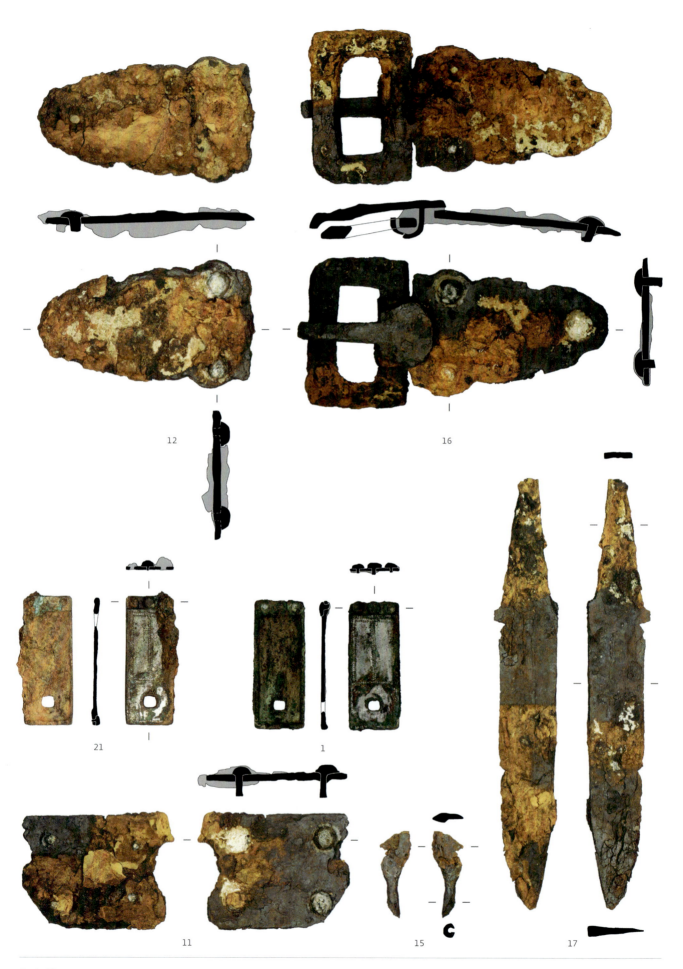

12

16

21

1

11

15

17

A Grab 680. 5 M. 1:3. — B Grab 680 Organik. — C Grab 682.

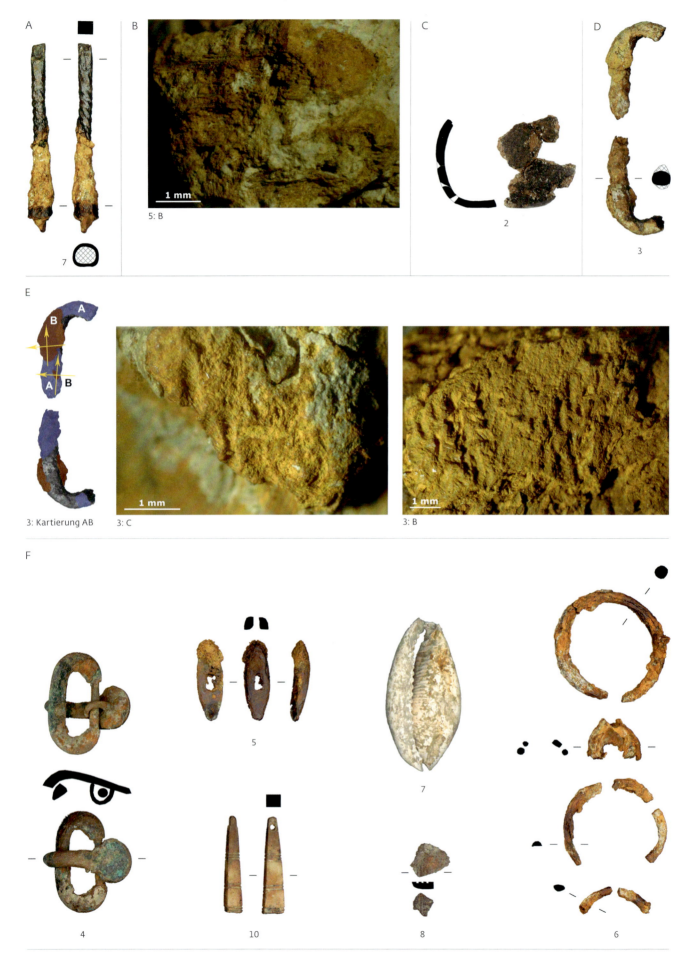

5: B

7

2

3

3: Kartierung AB

3: C

3: B

4

5

10

7

8

6

A Grab 682. — B Grab 682 Organik. — C Grab 683. 2 M. 1:3. — D Grab 684. — E Grab 684 Organik. — F Grab 685.

A

3

1

B

3

2

C

2

3

4

5

8

1

9

A Grab 687. 1 CT. — B Grab 689. — C Grab 690.

A

6

7

10

B

9009

9007

2: B

9003

A Grab 690. — B Grab 690 Organik.

A

9002

9001: B

1: BC

B

1

3

9000

2

A Grab 690 Organik. — B Grab 691. 2 M. 1:3.

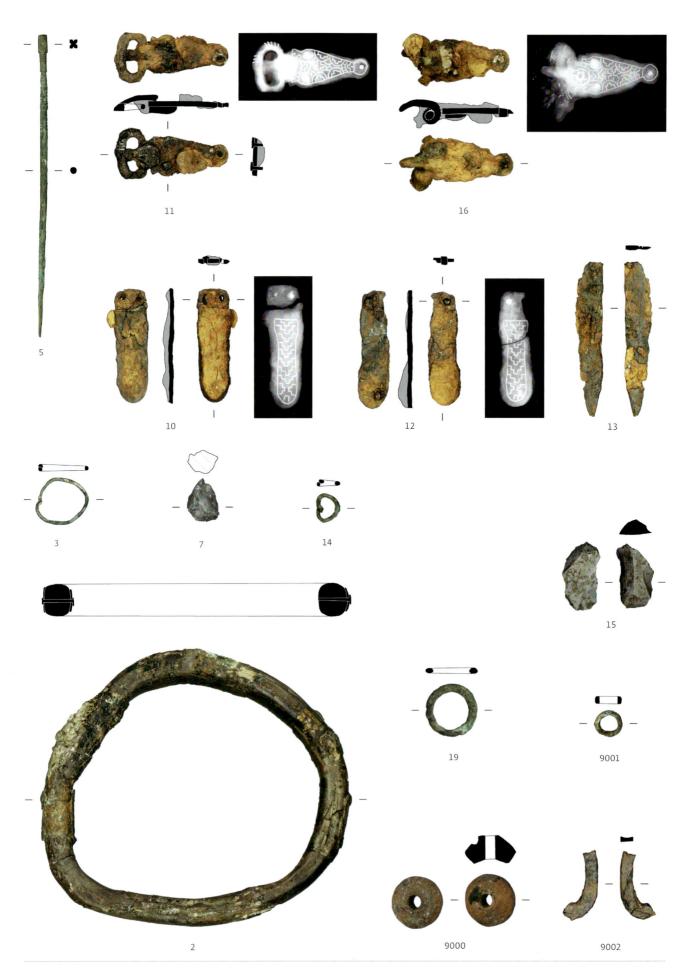

5

11

16

10

12

13

3

7

14

15

19

9001

2

9000

9002

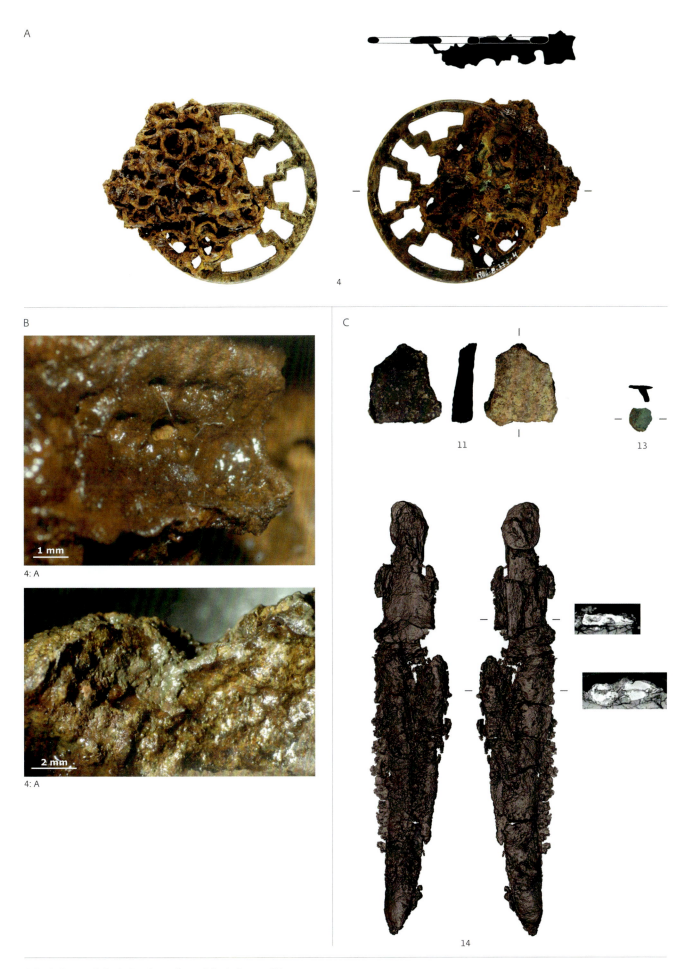

A Grab 692. — B Grab 692 Organik. — C Grab 693. 14 CT.

A

I

16

B

3

5

4

1

9000

6

C

5: A

1: Kartierung ABC

1: A

1: A

A Grab 693. 16 CT. — B Grab 694. 6 M. 1:3. — C Grab 694 Organik.

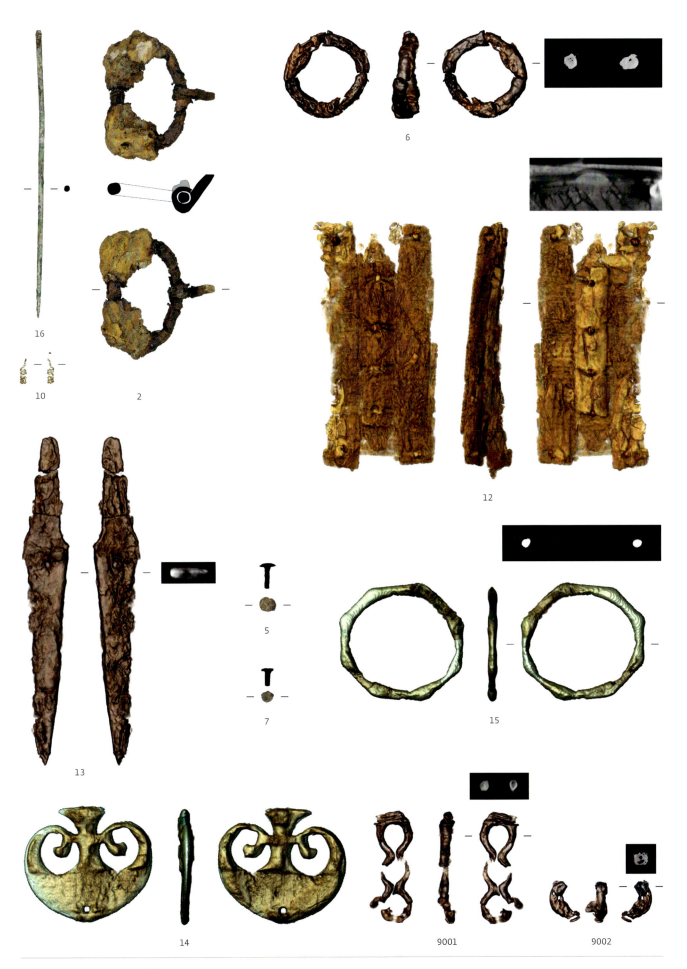

16

10   2

6

12

5

7

13

15

14   9001   9002

Grab 695. 10 M. 1:1. 6, 12, 13 CT.

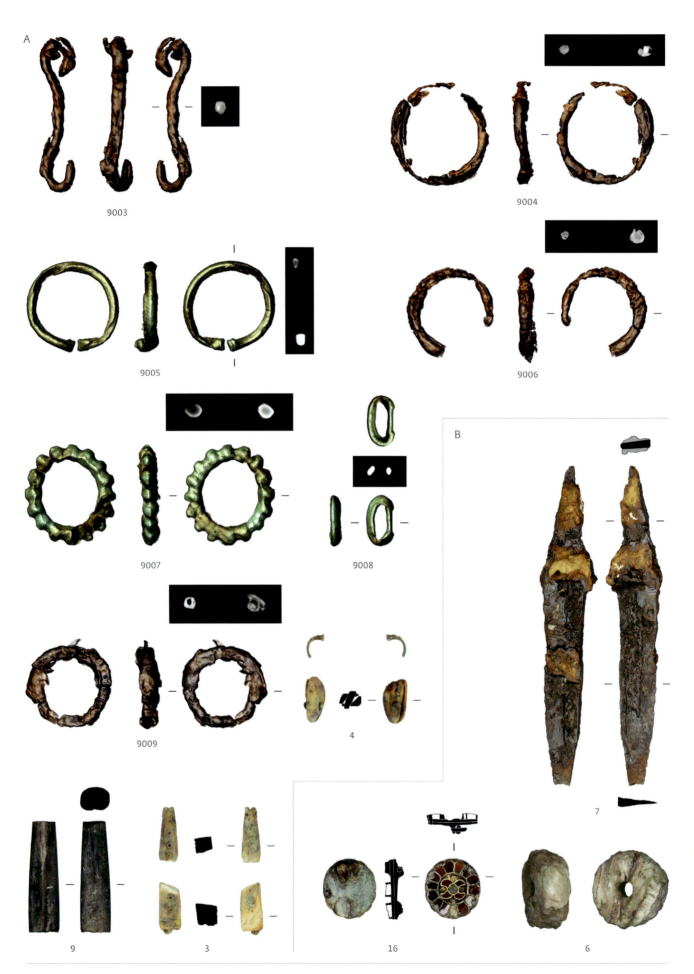

A

9003

9004

9005

9006

B

9007

9008

9009

4

7

9

3

16

6

A Grab 695. 9006, 9007, 9008, 9009 CT. — B Grab 696.

A

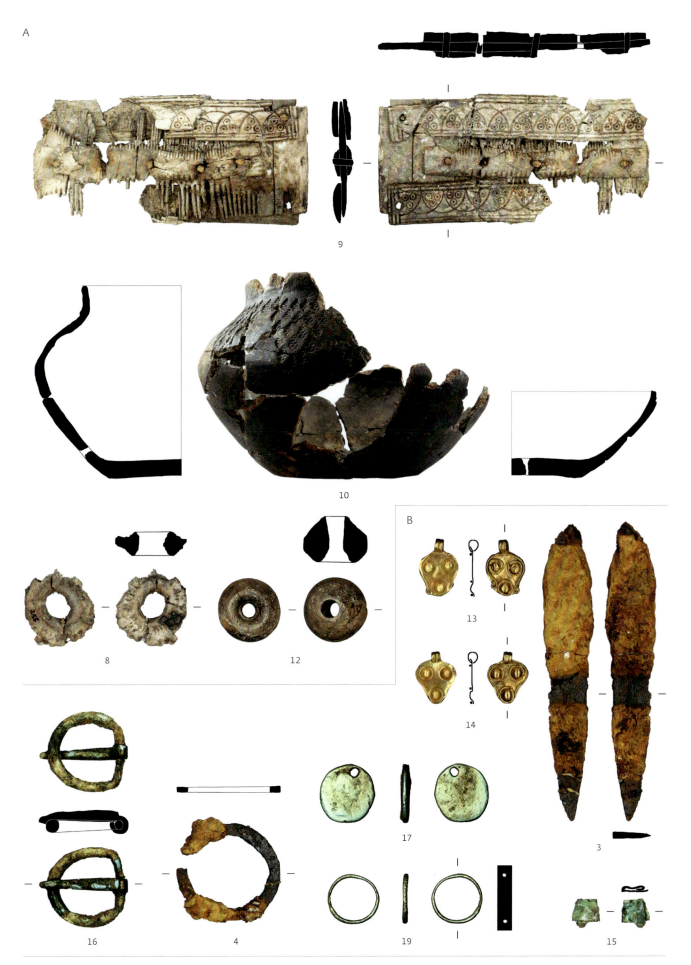

9

10

8

12

B

13

14

17

3

16

4

19

15

A Grab 696. 10 M. 1:3. — B Grab 698. 13, 14 M. 1:1. 17, 19 CT.

A

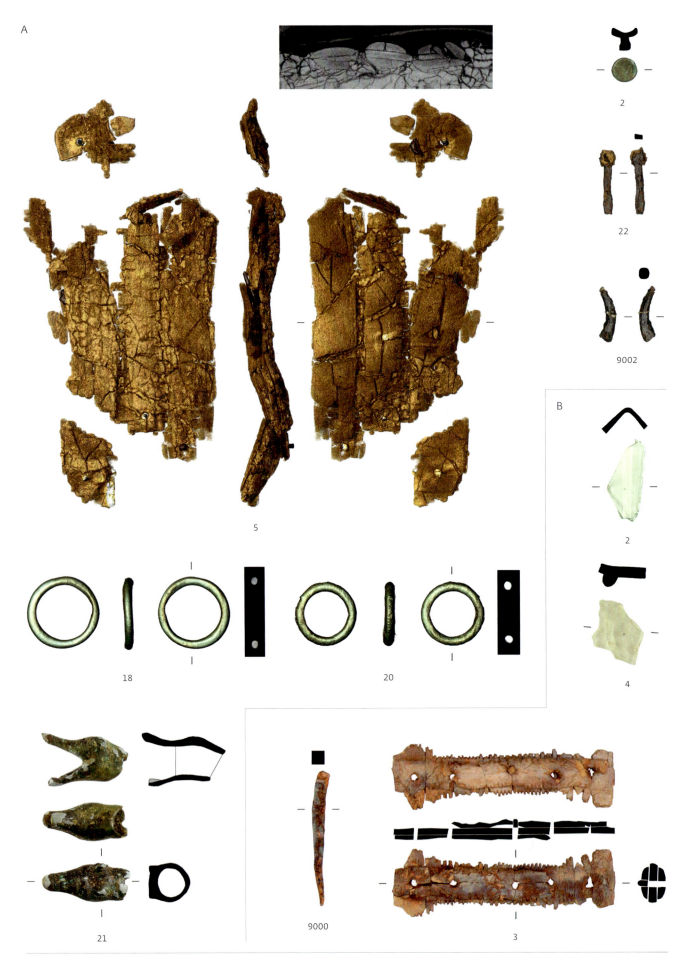

B

5

18   20

21   9000   3

2

22

9002

2

4

A Grab 698. 5, 18, 20 CT. — B Grab 699.

A

B

1

2

3

31

32

19 b

19 a

20 a

20 c

21

20 b

23

1

A Grab 699. — B Grab 700. 1, 2, 3, 31, 32 M. 1:1.

24

39

40

22 a

22 b

25

42

43

36

29

9000

27

Grab 700. 29, 9000 M. 1:1.

A

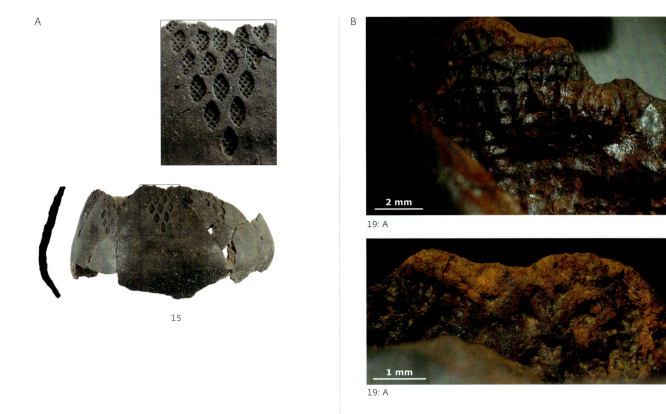

15

B

2 mm

19: A

1 mm

19: A

C

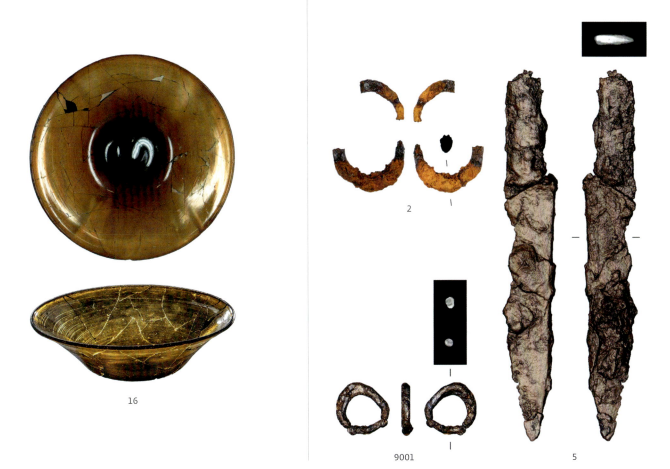

2

9001

5

A Grab 700. 15, 16 M. 1:3. — B Grab 700 Organik. — C Grab 701.

A

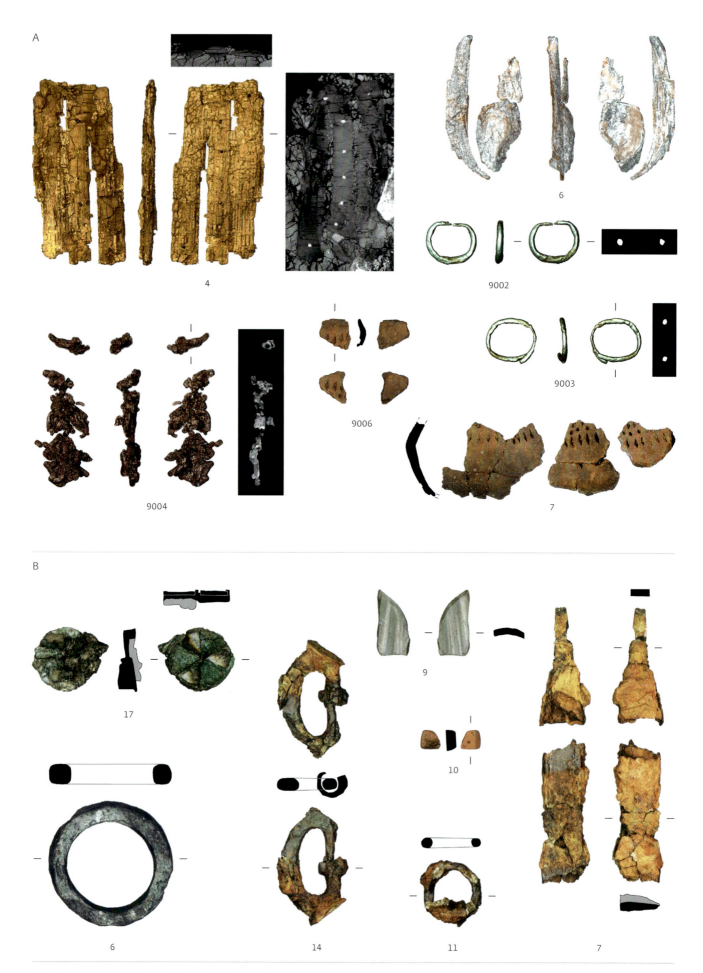

4

6

9002

9003

9004

9006

7

B

17

6

14

9

10

11

7

A Grab 701. 4, 7, 9006 M 1:3. 4, 6, 9004 CT. — B Grab 702. 10 M 1:3.

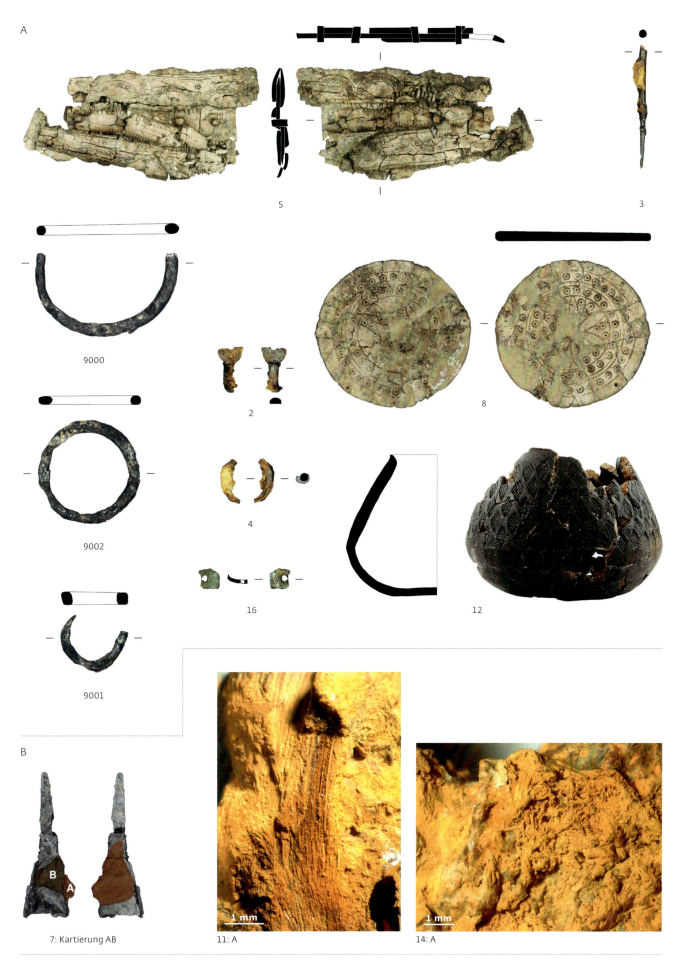

A

5

3

9000

2

8

9002

4

16

12

9001

B

7: Kartierung AB

11: A

14: A

A Grab 702. 5 M 1:2. 12 M 1:3. 16 M. 1:1. — B Grab 702 Organik.

11: A

3: ABC

3: AB

3: D

14: A

17: B

4: C

4: D

Grab 702 Organik.

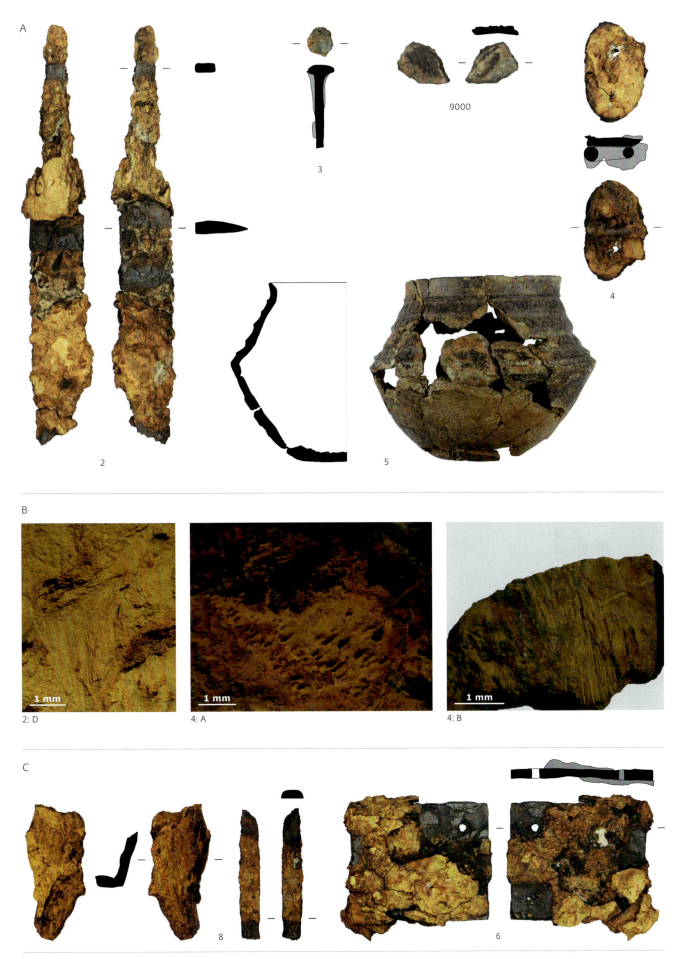

A Grab 703. 9000, 5 M. 1:3. — B Grab 703 Organik. — C Grab 704.

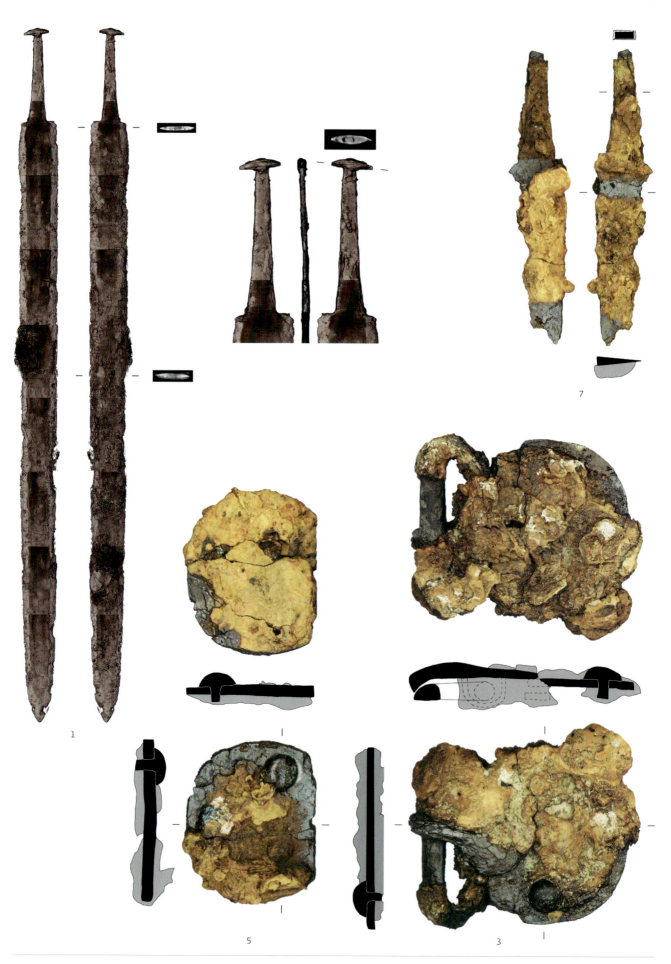

1

5

3

7

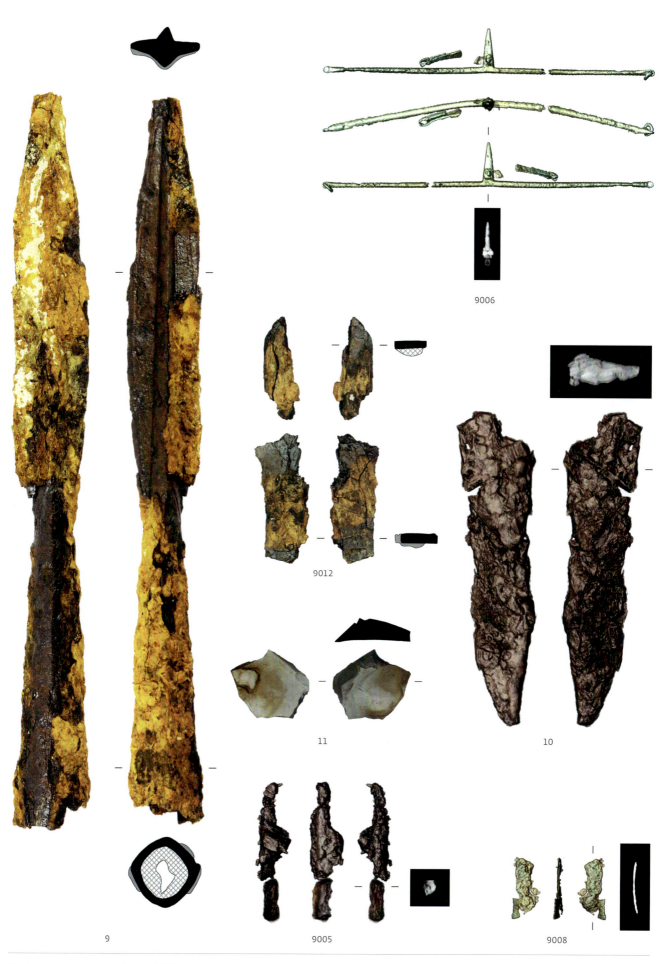

9006

9012

11

10

9

9005

9008

Grab 704. 10, 9005, 9006, 9008 CT.

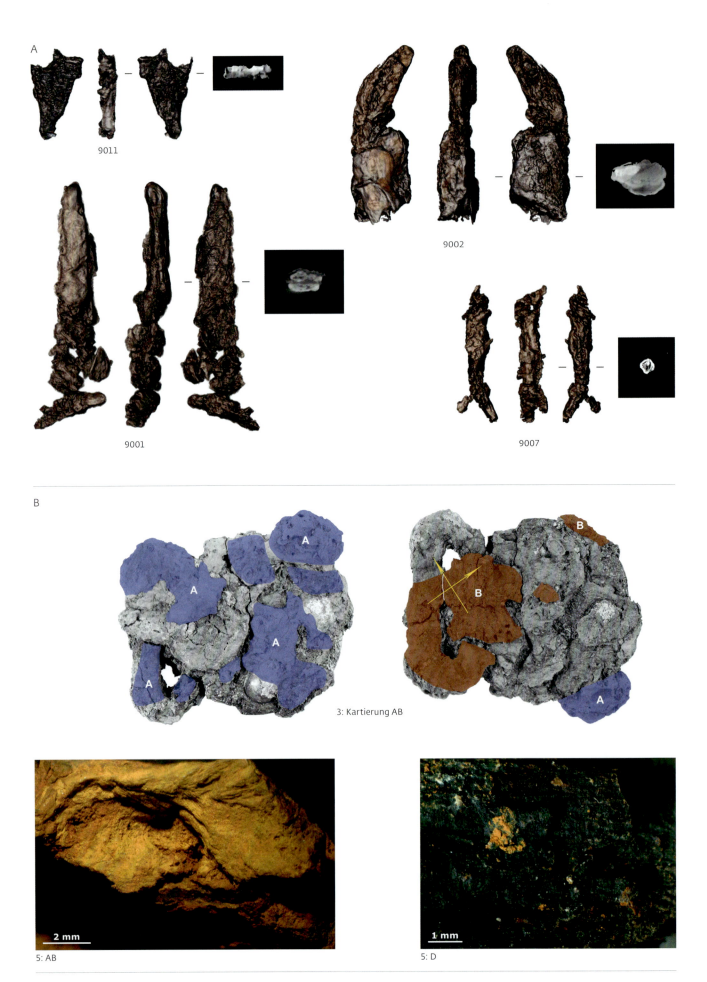

A

9011

9002

9001

9007

B

3: Kartierung AB

5: AB

2 mm

5: D

1 mm

A Grab 704. 9001, 9002, 9007, 9011 CT. — B Grab 704 Organik.

A

2 mm

3: B

1 mm

3: B

1 mm

7: B

2 mm

9: B

B

10

8

A Grab 704 Organik. — B Grab 705. 8 M. 1:3.

A

2

5

4

1

6

12

B

4: Kartierung BD

5: Kartierung ABCD

D

D

D

B

C

D

B

A

A

2 mm

2 mm

4: D

5: A

A Grab 705. 1 M. 1:3. — B Grab 705 Organik.

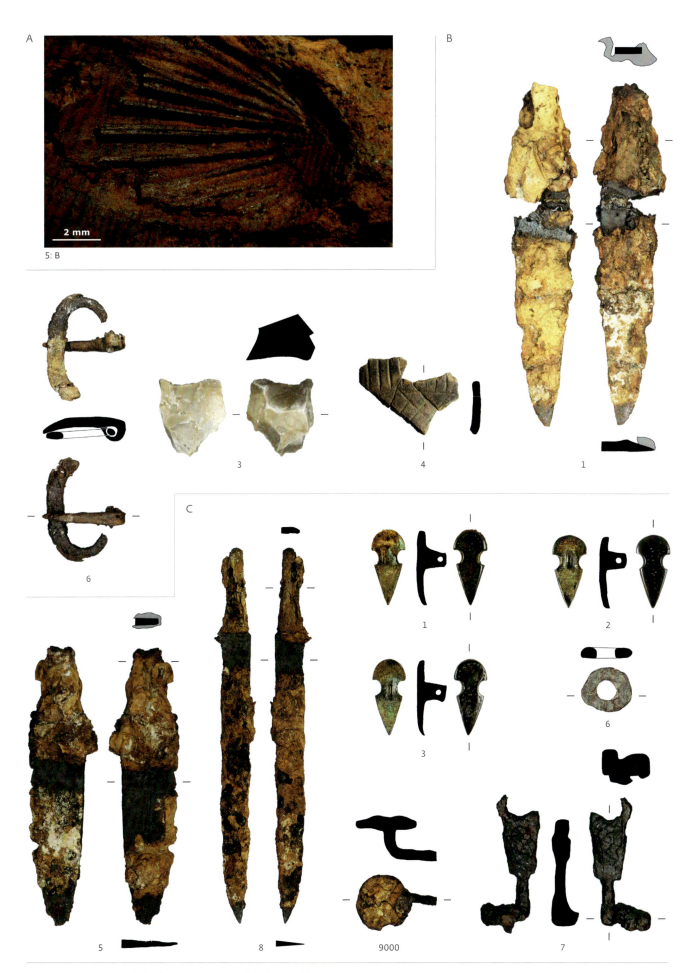

A

B

5: B

2 mm

6

3

4

1

C

5

8

9000

1

2

3

6

7

A Grab 705 Organik. — B Grab 706. 4 M. 1:3. — C Grab 707. 8 M. 1:3.

A

9

9001

B

5: Kartierung ABCDE

7: B

1 mm

C

2

4

10

5

3

6

9000

7

8

9

A Grab 707. — B Grab 707 Organik. — C Grab 708. 5, 6, 9000 M. 1:3.

A Grab 709. — B Grab 710. 2 M. 1:3. — C Grab 710 Organik.

A

B

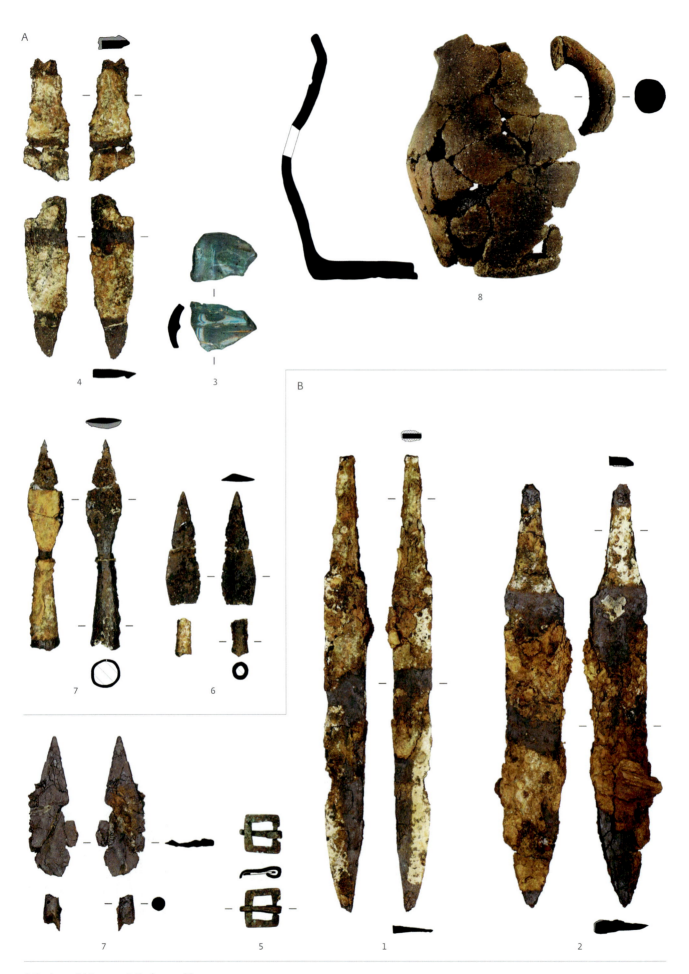

4

3

8

7

6

7

5

1

2

A Grab 711. 8 M. 1:3. — B Grab 712. 1 M. 1:3.

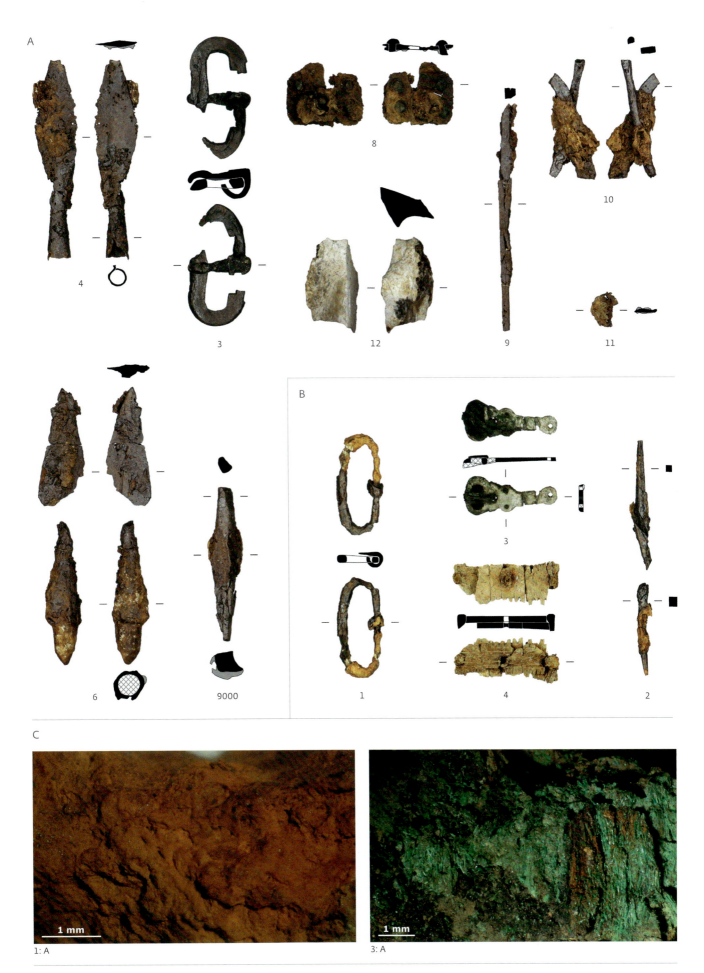

A Grab 712. — B Grab 713. — C Grab 713 Organik.

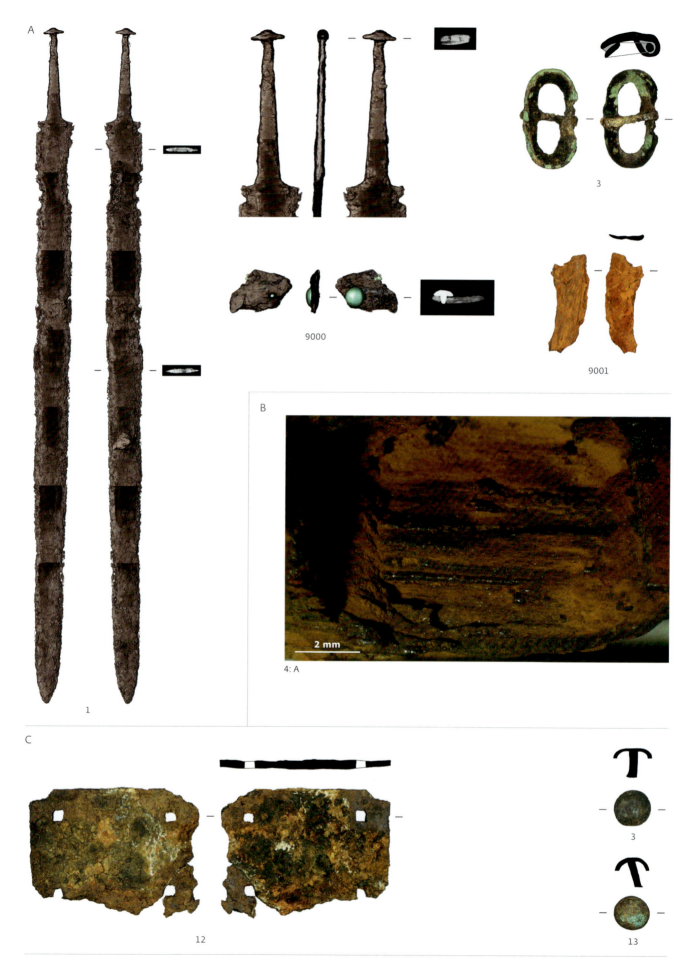

A

3

9000

9001

B

2 mm

4: A

1

C

12

3

13

A Grab 714. 1 M. 1:2, Detail M. 1:3. 1, 9000 CT. — B Grab 714 Organik. — C Grab 715.

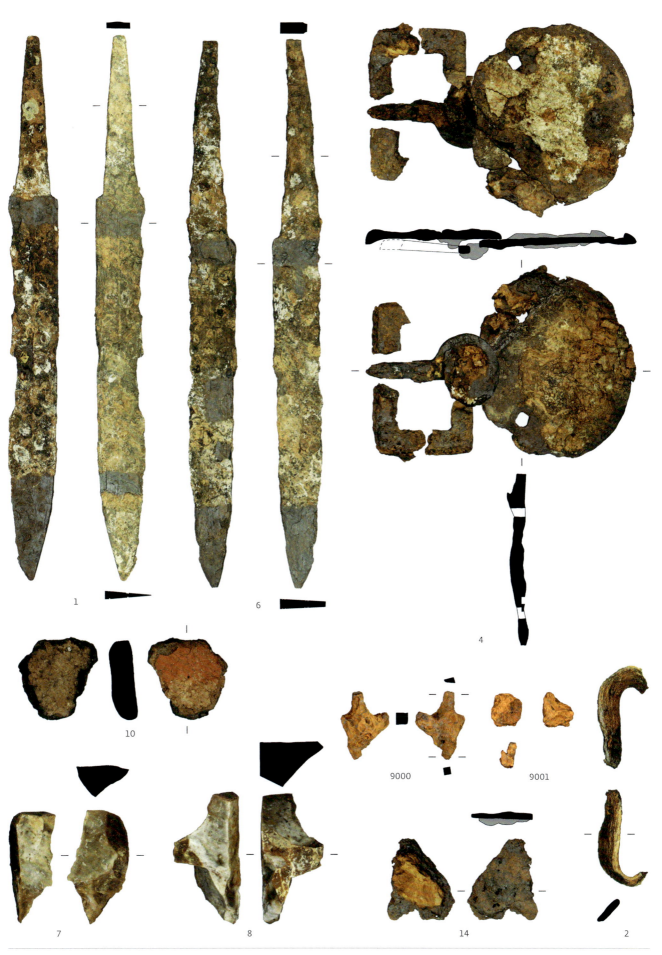

1   6

10

7   8   9000   9001   14   2

4

Grab 715. 1, 6 M. 1:3.

A

4: C

4: C

5: A

B

3

1

C

5

3

7

A Grab 715 Organik. — B Grab 717. 1 M. 1:3. — C Grab 718. 7 M. 1:3.

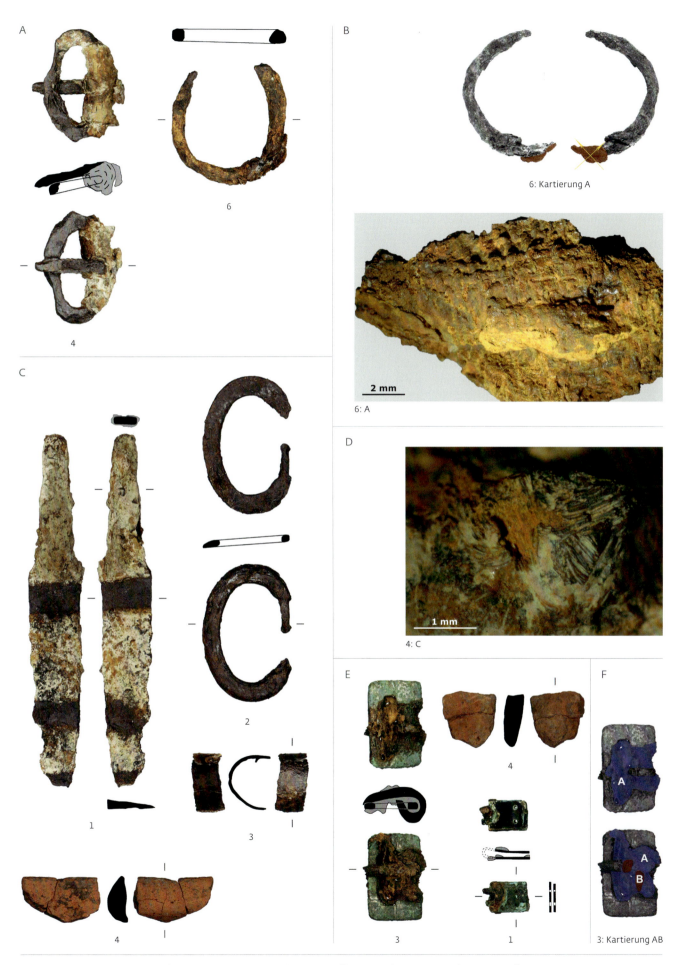

A Grab 718. — B Grab 718 Organik. — C Grab 719. — D Grab 719 Organik. — E Grab 720. — F Grab 720 Organik.

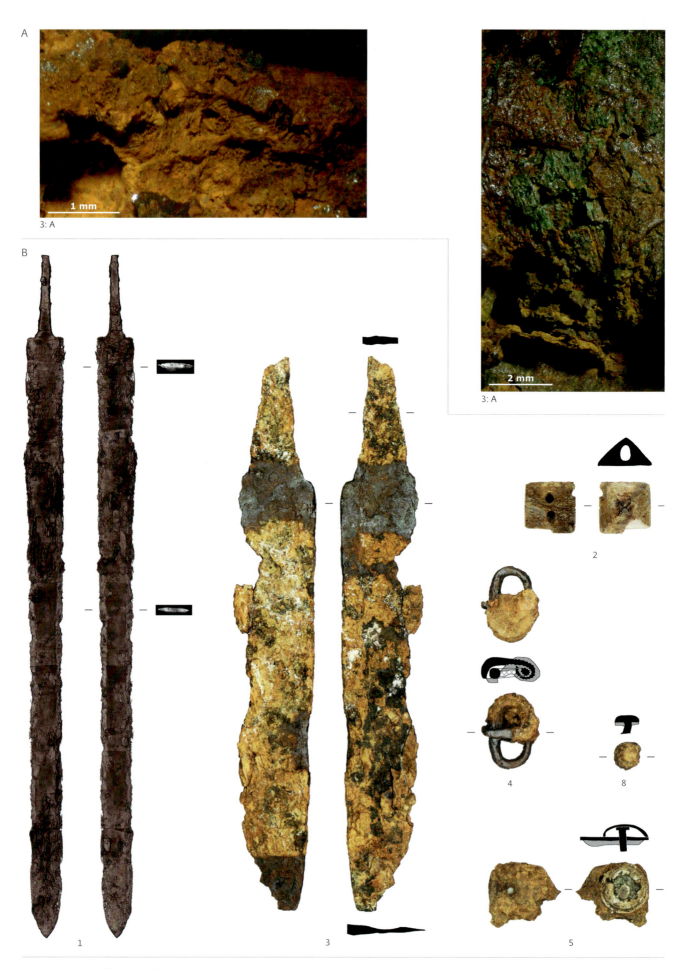

A

3: A

B

3: A

2

4

8

5

1

3

A Grab 720 Organik. — B Grab 721. 1 M. 1:5, CT.

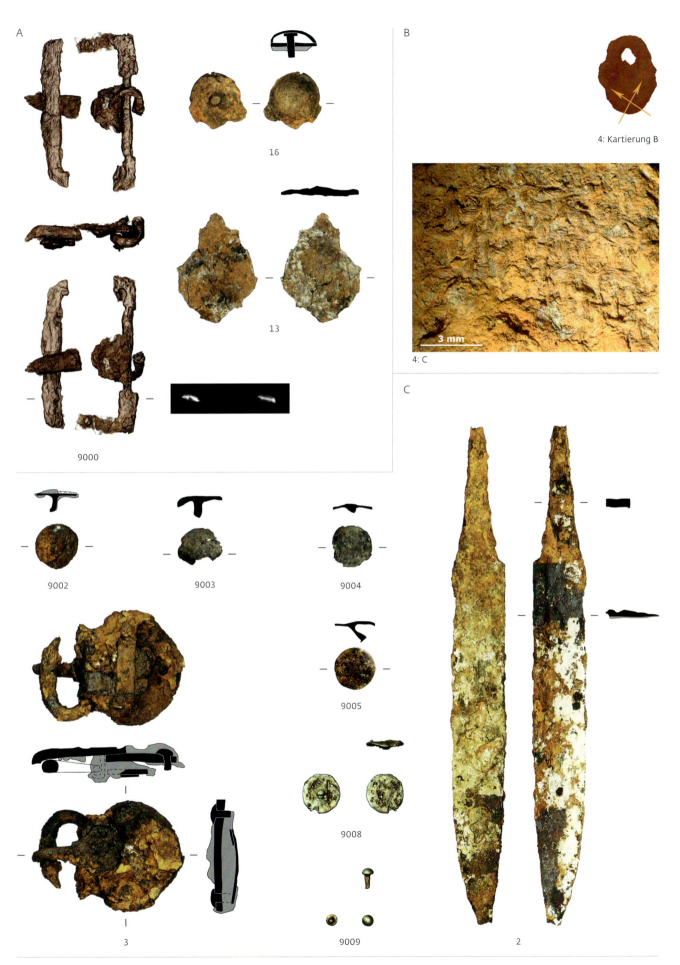

A

16

13

9000

B

4: Kartierung B

4: C

3 mm

C

9002

9003

9004

9005

9008

9009

3

2

A Grab 721. 9000 CT. — B Grab 721 Organik. — C Grab 724. 2 M. 1:3.

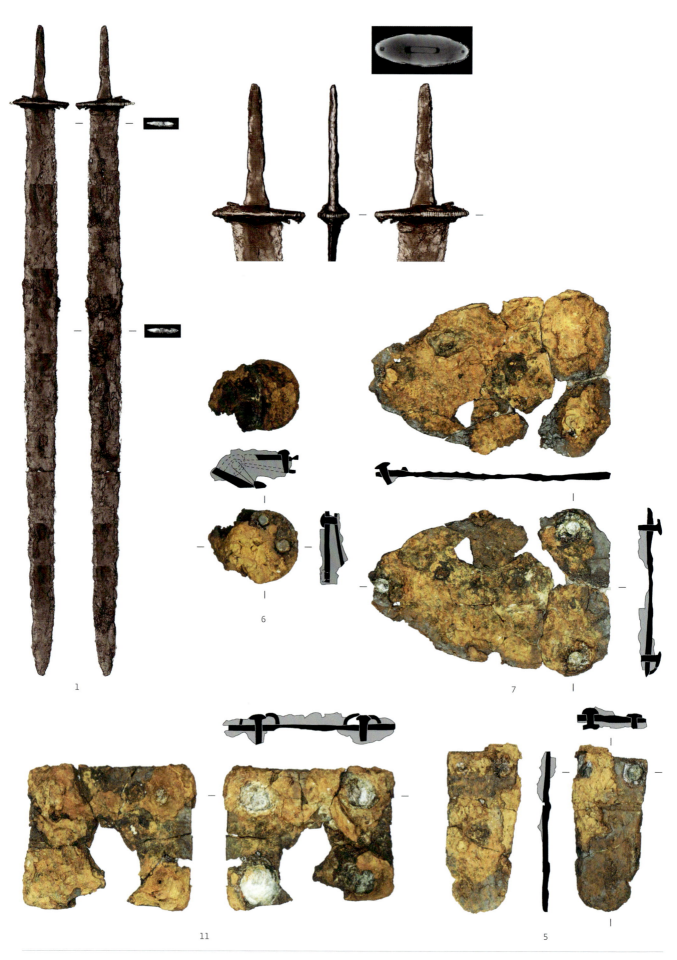

1

6

7

11

5

Grab 724. 1 M. 1:5, Detail M. 1:3. CT.

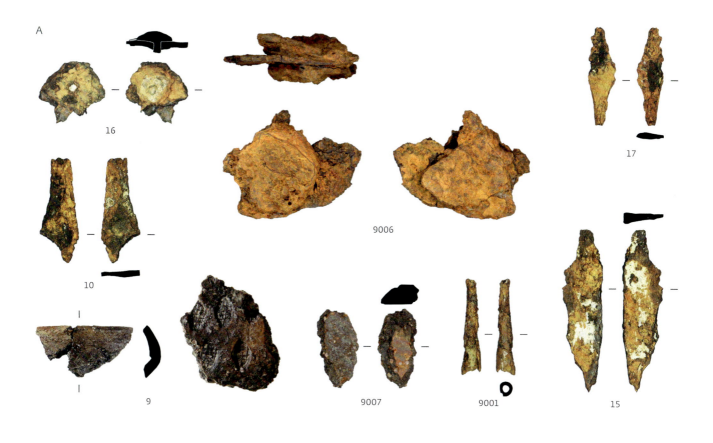

A Grab 724. 9 M. 1:3, Detail M. 2:3. — B Grab 724 Organik.

A

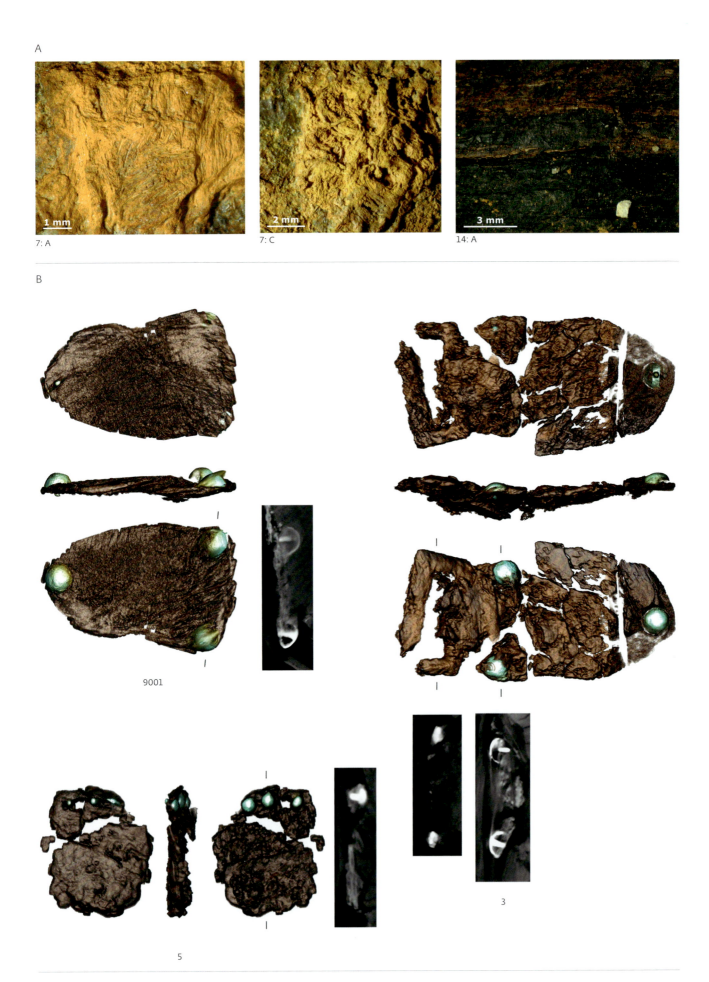

7: A

7: C

14: A

B

9001

5

3

A Grab 724 Organik. — B Grab 725. 3, 5, 9001 CT.

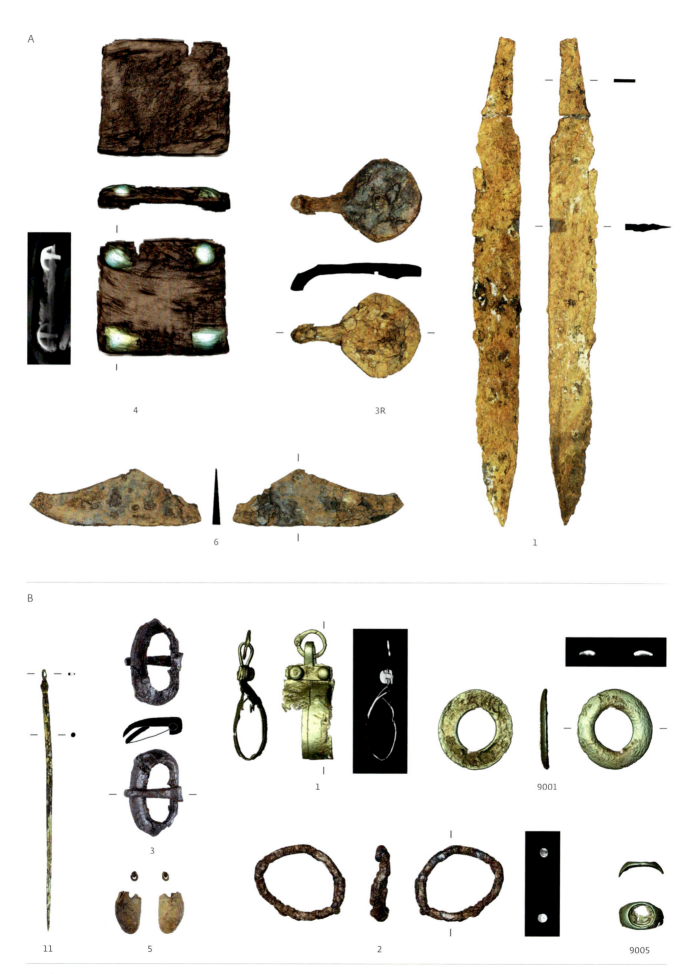

A Grab 725. 1 M. 1:3. 4 CT. — B Grab 726. 1, 2, 9001, 9005 CT.

A Grab 726. 9 M. 1:3. 9003, 9004 CT. — B Grab 727. — C Grab 727 Organik. 9 M. 1:1. — D Grab 728. — E Grab 728 Organik.

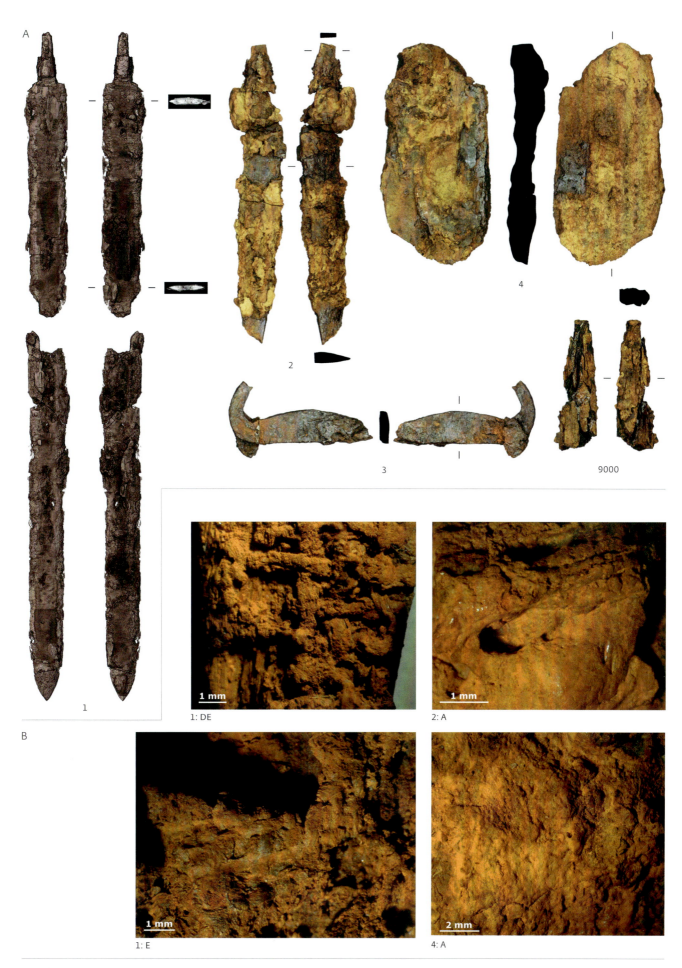

A

B

1: DE

2: A

1: E

4: A

A Grab 729. 1 M. 1:5, CT. — B Grab 729 Organik.

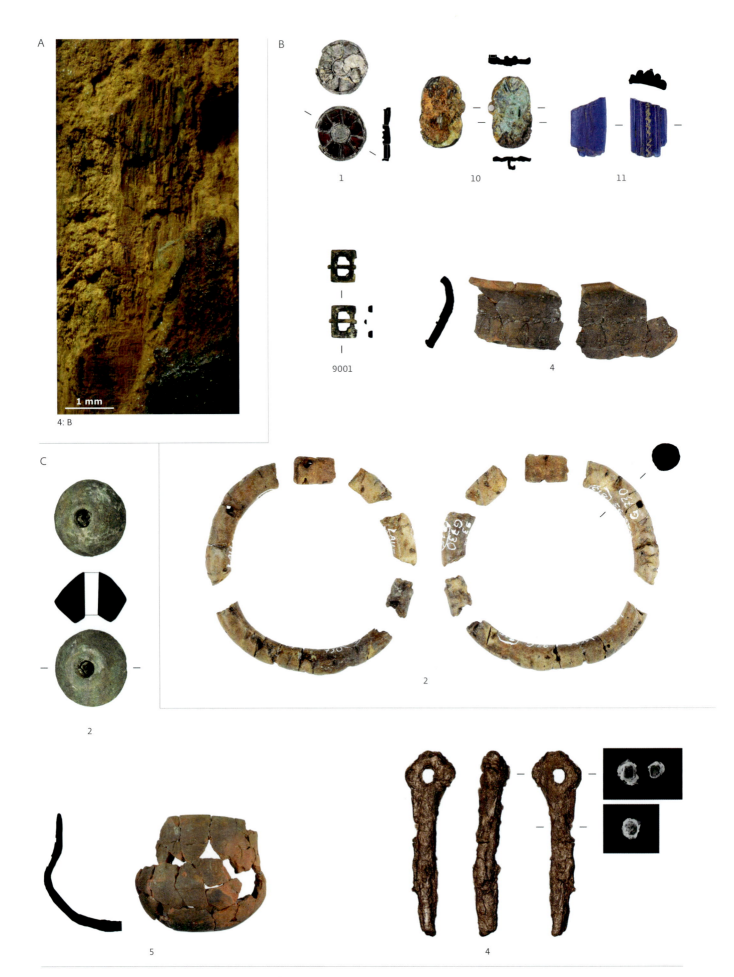

A

B

1

10

11

9001

4

C

2

2

5

4

A Grab 729 Organik. — B Grab 730. 4 M. 1:3. — C Grab 731. 5 M. 1:3. 4 CT.

1 mm

4: B

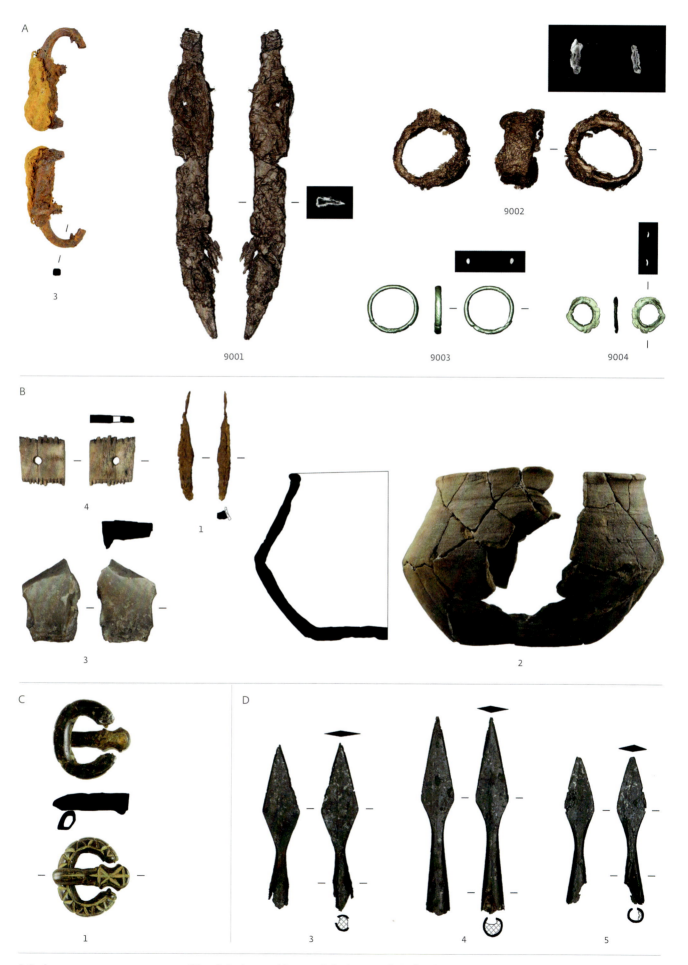

A

3

9001

9002

9003

9004

B

4

1

3

2

C

1

D

3

4

5

A Grab 731. 9001, 9002, 9003, 9004 CT. — B Grab 732. 2 M. 1:3. — C Grab 734. — D Grab 736.

A

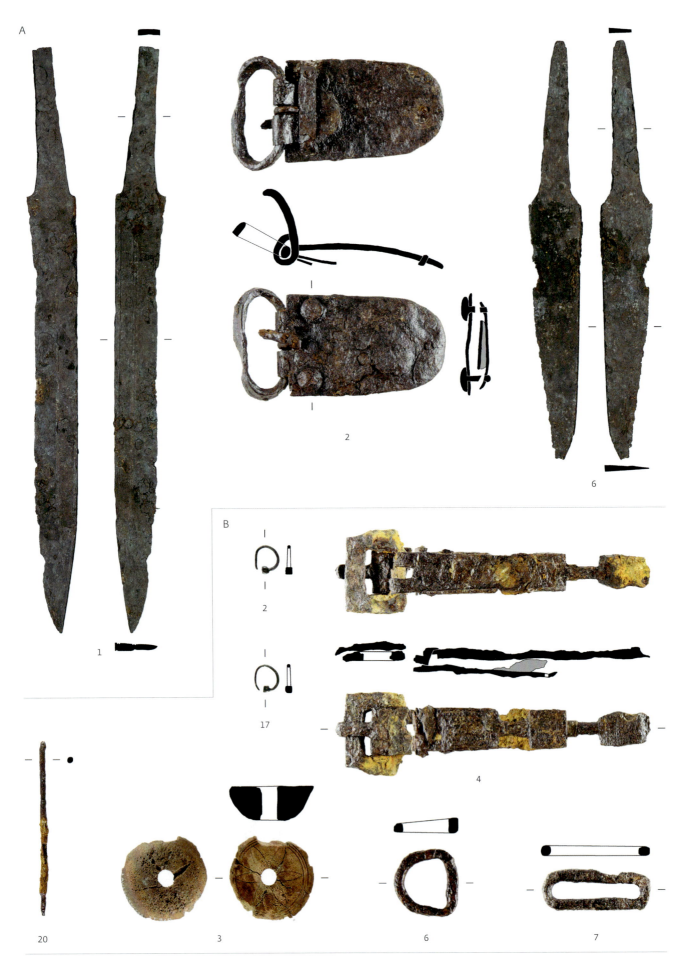

1

2

6

B

2

17

4

20

3

6

7

A Grab 736. 1 M. 1:3. — B Grab 737.

A

8

9

10

11

12

13

14

9008

19

9002

15

9010

16

9009

9003

B

1 mm

9: C

A Grab 737. — B Grab 737 Organik.

Tafel 94

A

10: B

11: A

12: B

12: C

9004: A

B

9005: A

2

A Grab 737 Organik. — B Grab 738.

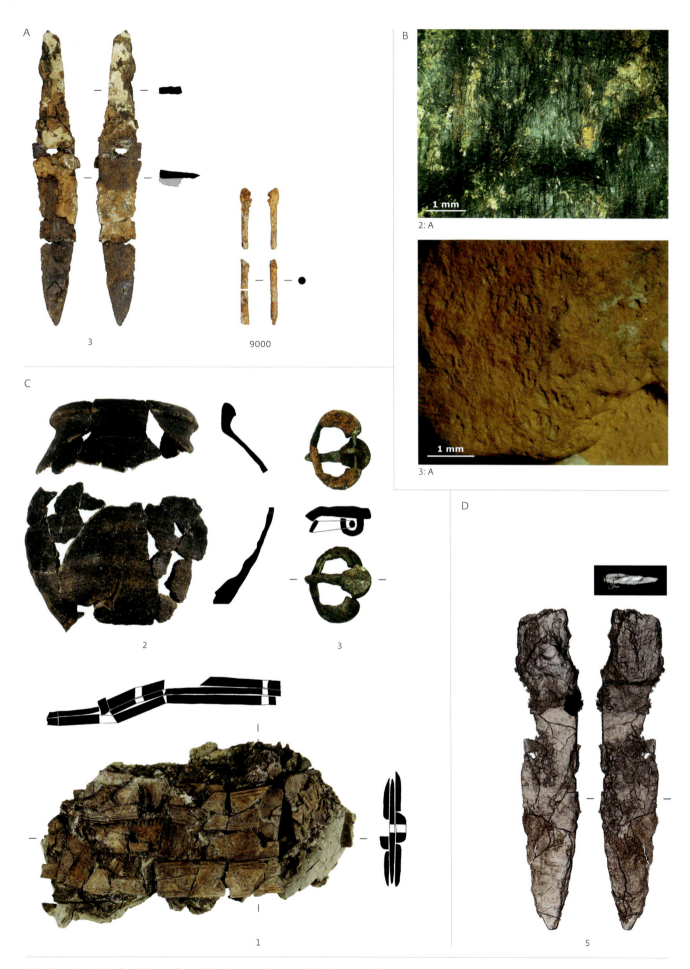

A Grab 738. — B Grab 738 Organik. — C Grab 739. 2 M. 1:3. — D Grab 740. 5 CT.

A

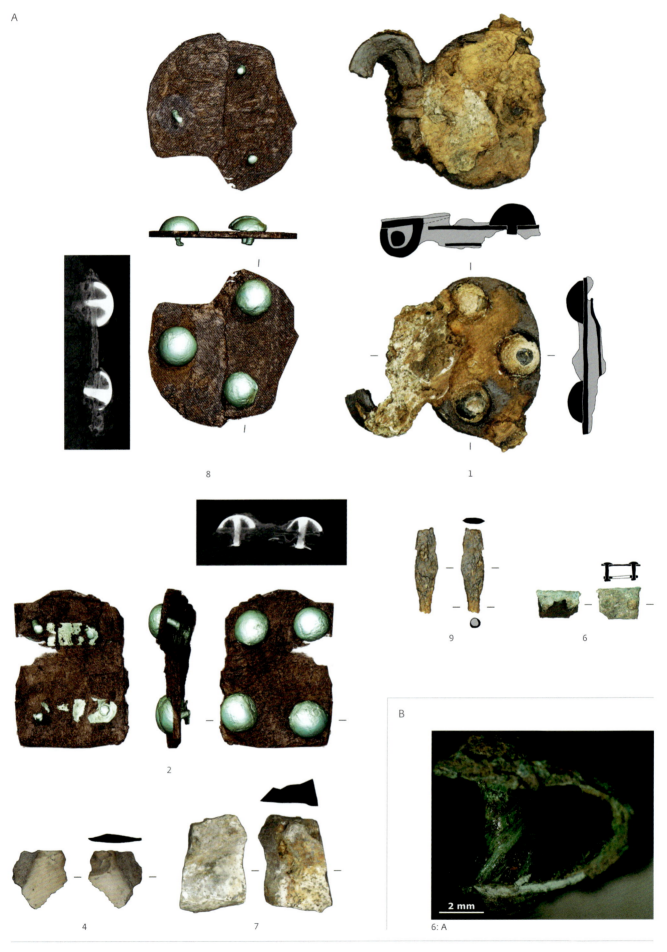

8

1

9

6

B

6: A

A Grab 740. 2, 8 CT. — B Grab 740 Organik.

A

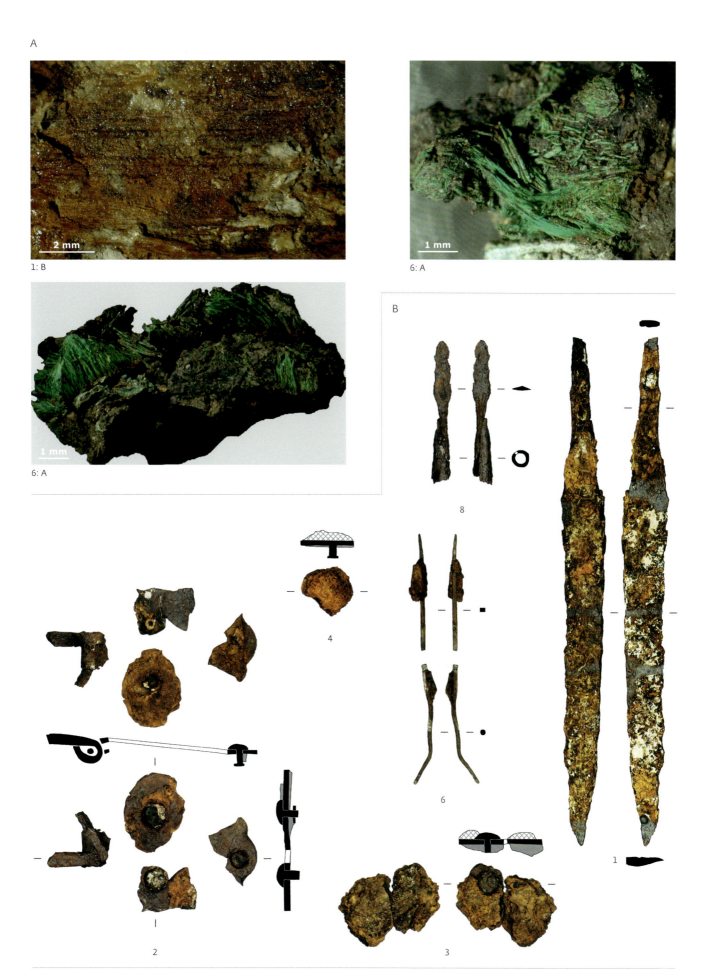

1: B

6: A

6: A

B

8

4

6

2

3

1

Tafel 98

A Grab 741. — B Grab 741 Organik. — C Grab 742.

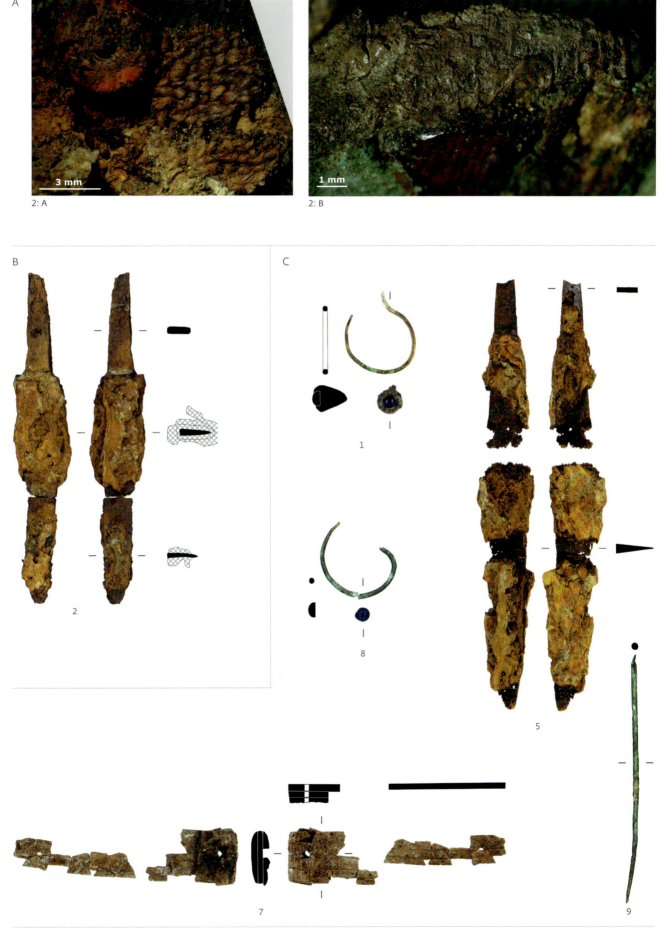

A

2: A

2: B

B

2

C

1

8

5

7

9

A Grab 742 Organik. — B Grab 743. — C Grab 745.

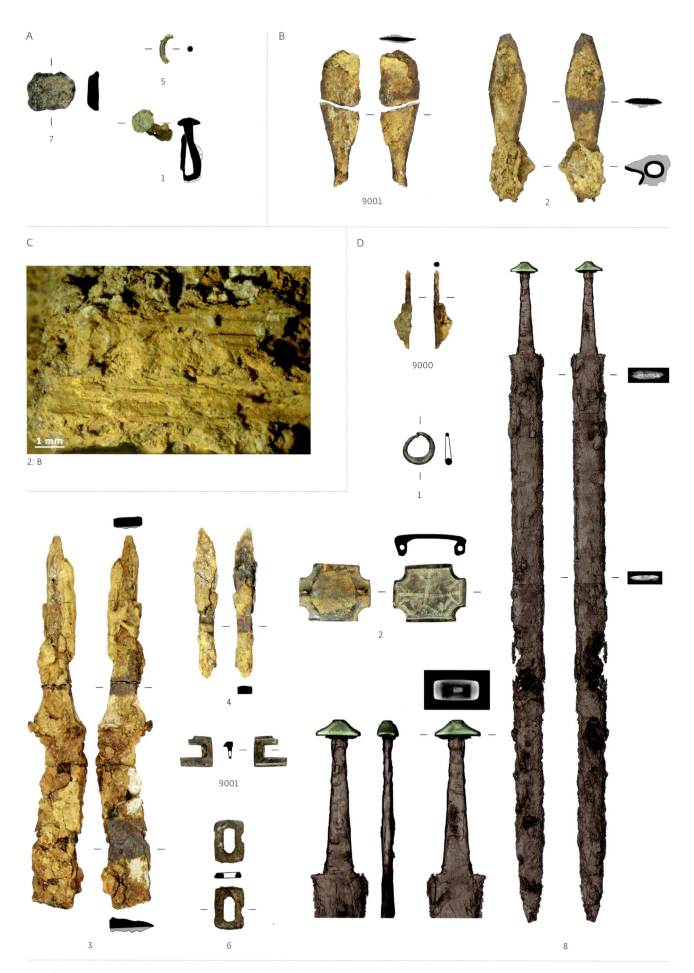

A Grab 746. — B Grab 747. — C Grab 747 Organik. — D Grab 748. 8 M. 1:5, CT.

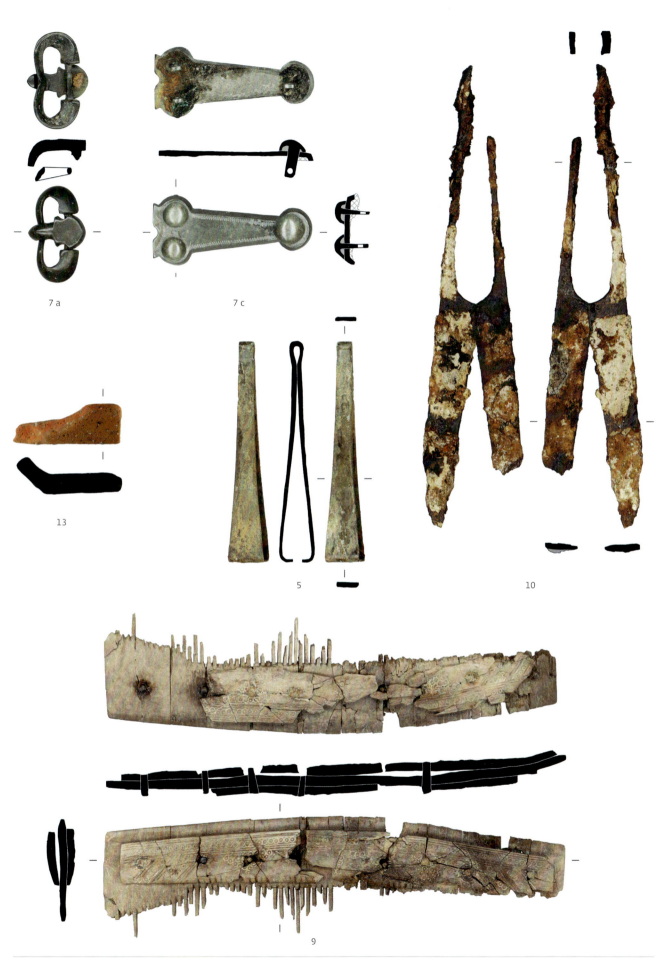

7 a

7 c

13

5

10

9

Grab 748.

A

B

C

11

3

5

8

6

4

7

9

2

1

A Grab 748. — B Grab 749. — C Grab 750.

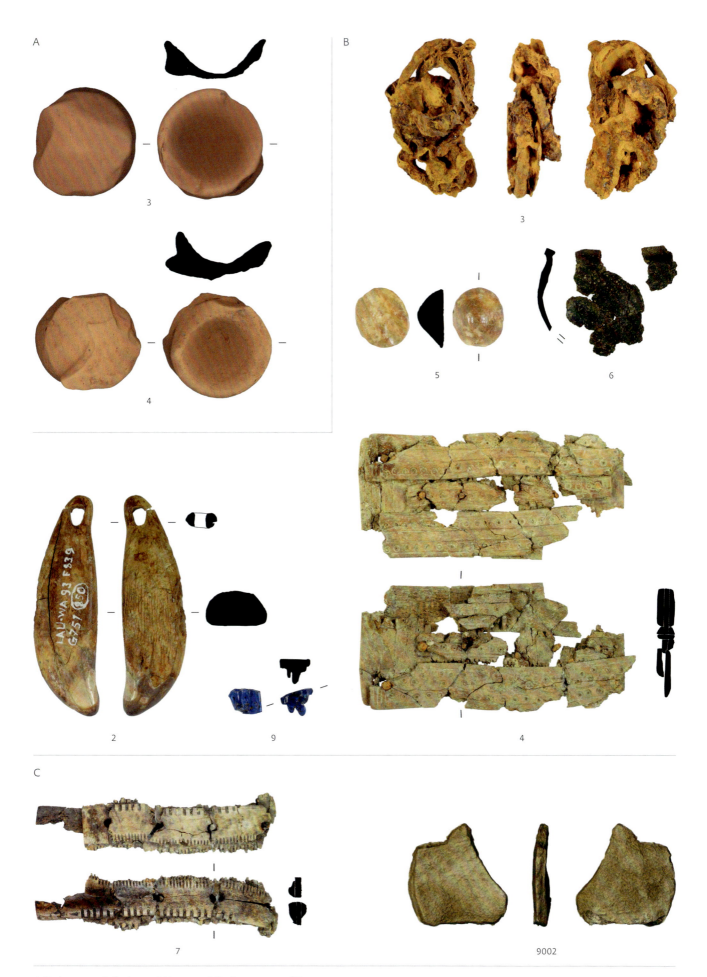

A

3

4

B

3

5   6

2   9   4

C

7   9002

A Grab 750. — B Grab 751. 6 M. 1:3. — C Grab 752. 9002 CT.

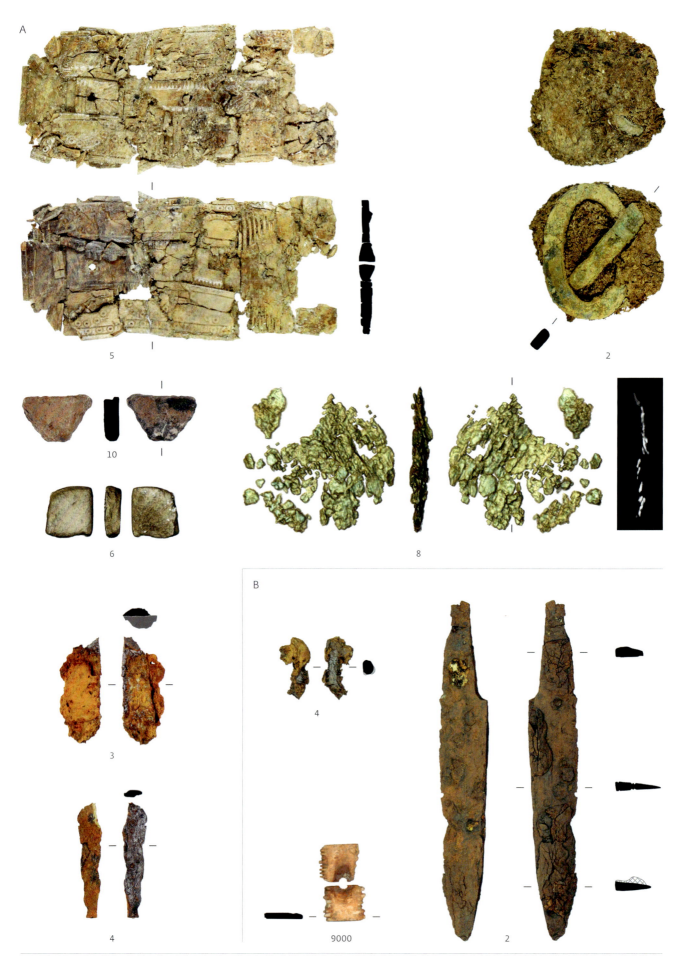

A Grab 752. 6, 8 CT. — B Grab 753.

A Grab 754. 2 M. 1:3. — B Grab 755. 3 M 1:3. — C Grab 756. 1 M. 1:3

A

4

B

9000

9002

C

3

2

9001

3 mm

2

A Grab 756. — B Grab 756 Organik. — C Grab 757. 2, 9001 CT

A

C

1: C

1: Kartierung ABC

D

3

4

2

1

6

B

2

6

E

1

3

5

9000

A Grab 757. 1 M. 1:3, CT. — B Grab 758. — C Grab 758 Organik. — D Grab 759. — E Grab 760.

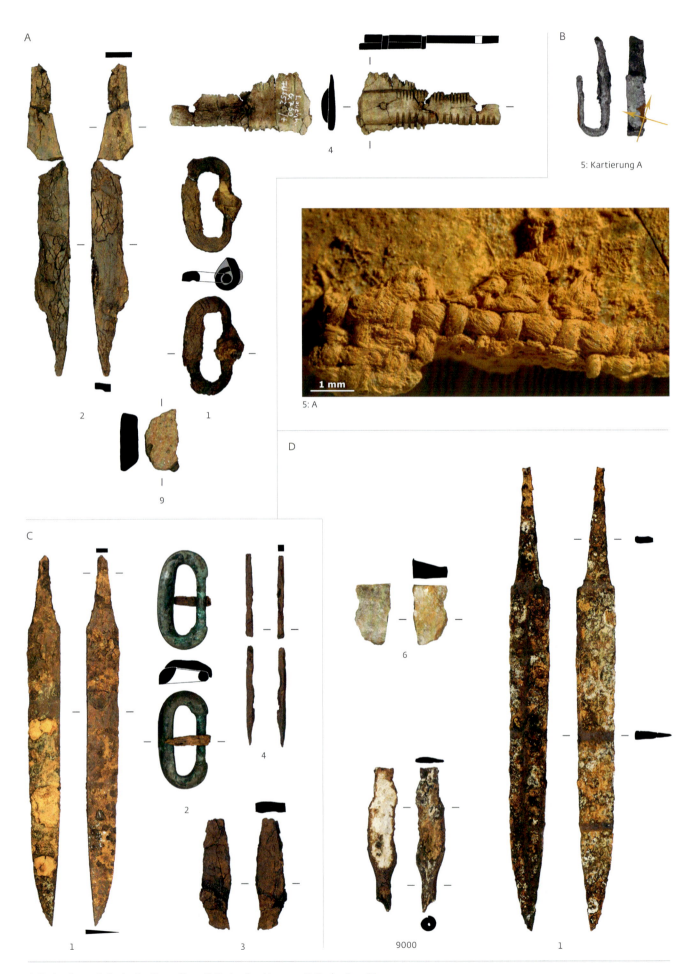

A Grab 760. — B Grab 760 Organik. — C Grab 761. 1 M. 1:3. — D Grab 762. 1 M. 1:3

A

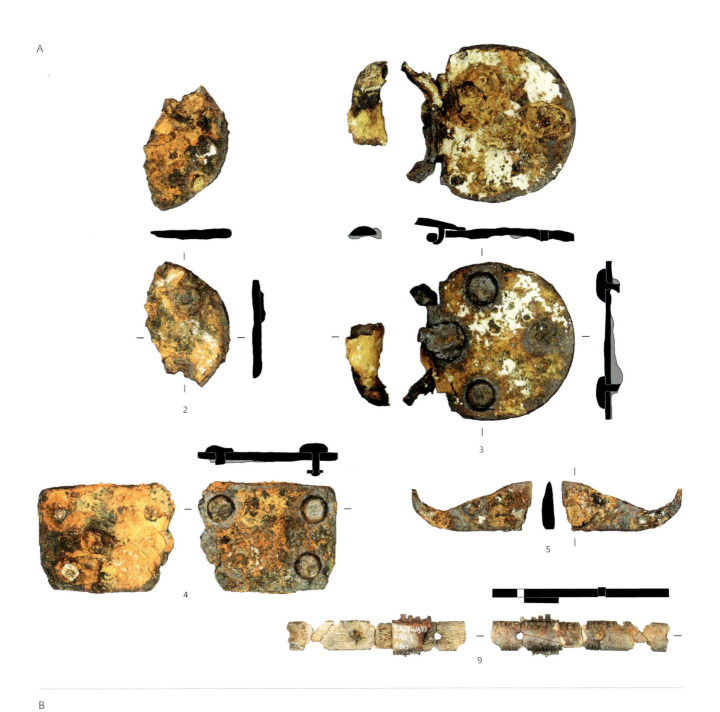

2

3

4

5

9

B

7: A

3: D

A Grab 762. — B Grab 762 Organik.

A

1

B

1

2

3

C

3

7

6

1

2

A Grab 763. — B Grab 764. — C Grab 765. 1 M. 1:5, CT. 2 M. 1:3. 3 M. 1:3.

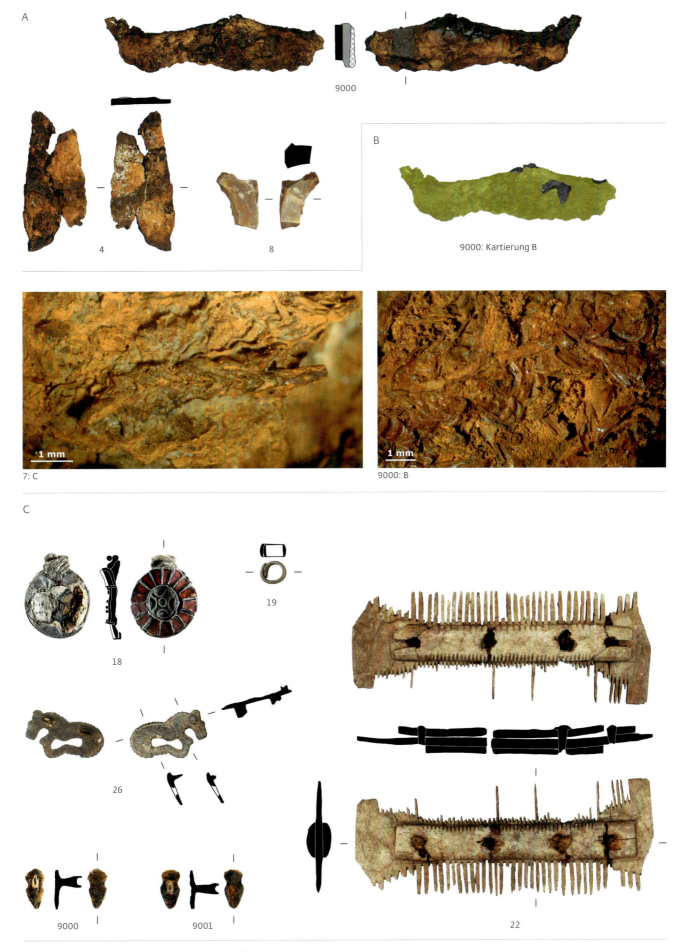

A

9000

4

8

B

9000: Kartierung B

1 mm

7: C

1 mm

9000: B

C

19

18

26

9000

9001

22

A Grab 765. — B Grab 765 Organik. — C Grab 768.

A Grab 768. — B Grab 769. 3 M. 1:3. — C Grab 770. 2 M. 1:3. — D Grab 771.

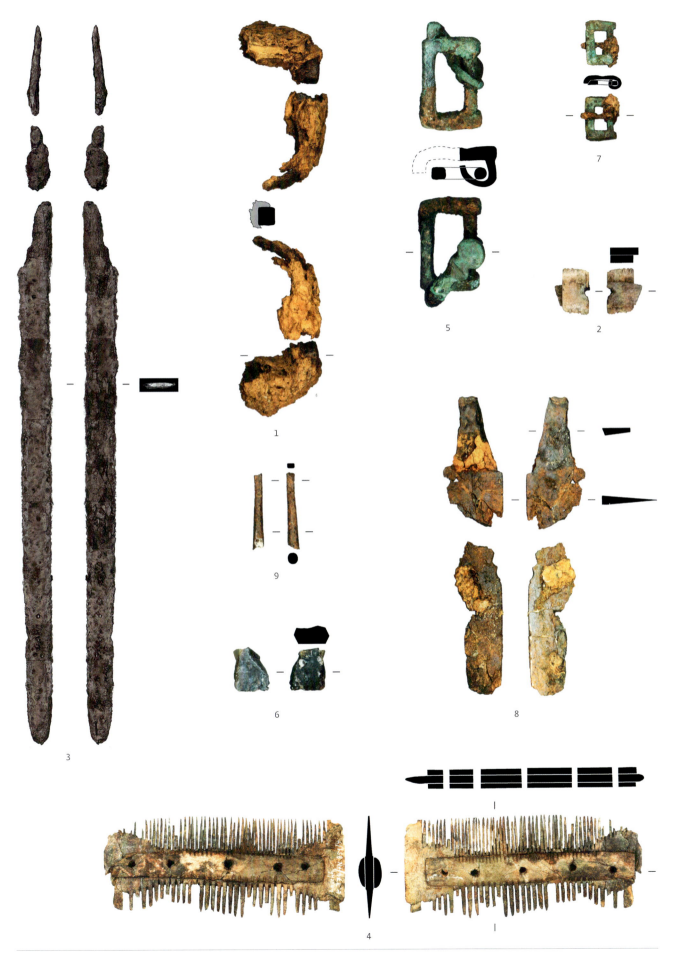

Grab 774. 3 M. 1:5, CT.

2: A

2 mm

A Grab 775. 7 M. 1:3. 4, 9 CT. — B Grab 775 Organik. — C Grab 776. — D Grab 778.

A

18

20

12

10

14

B

A

B

A

B

7: Kartierung AB

C

9000

5

2

3

4

A Grab 778.— B Grab 778 Organik. — C Grab 779. 2 M. 1:3.

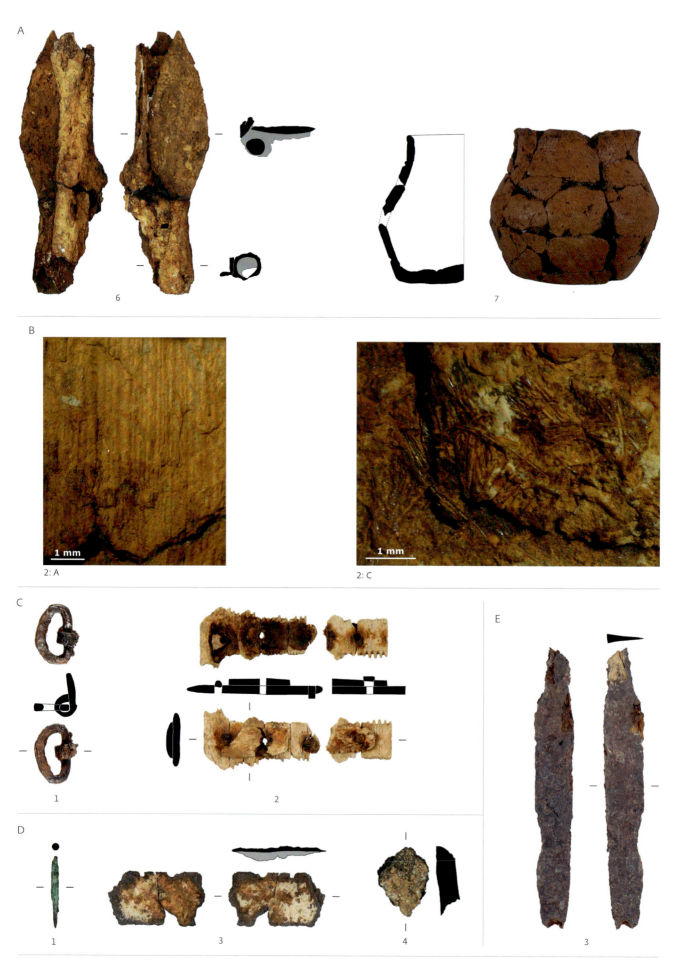

A Grab 779. 7 M. 1:3. — B Grab 779 Organik. — C Grab 780. — Grab 781. — E Grab 783.

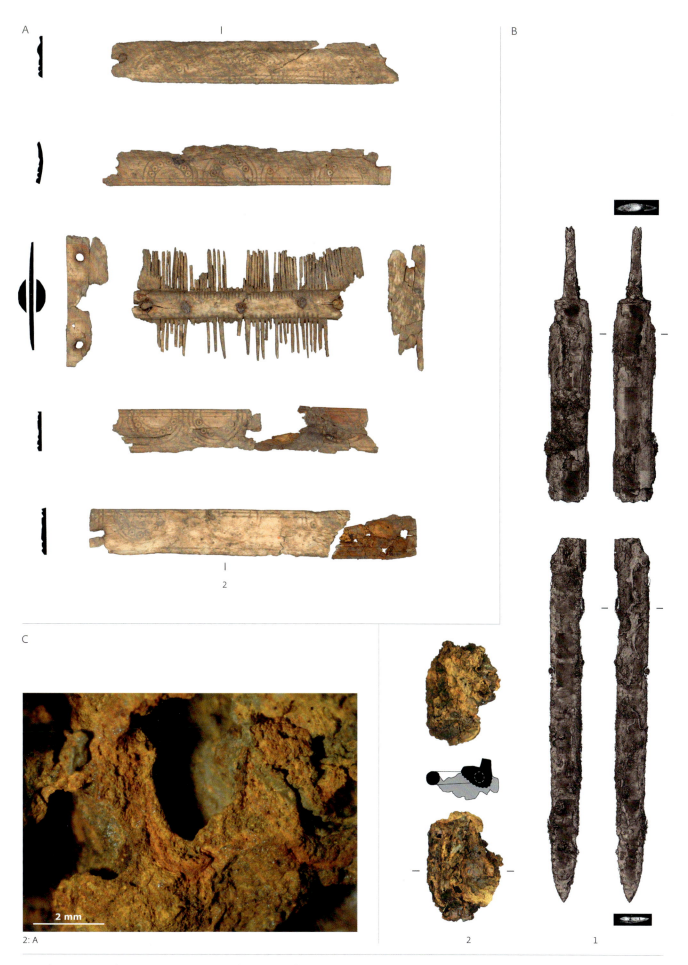

A Grab 783. — B Grab 784. 1 M. 1:5, CT. — C Grab 784 Organik.

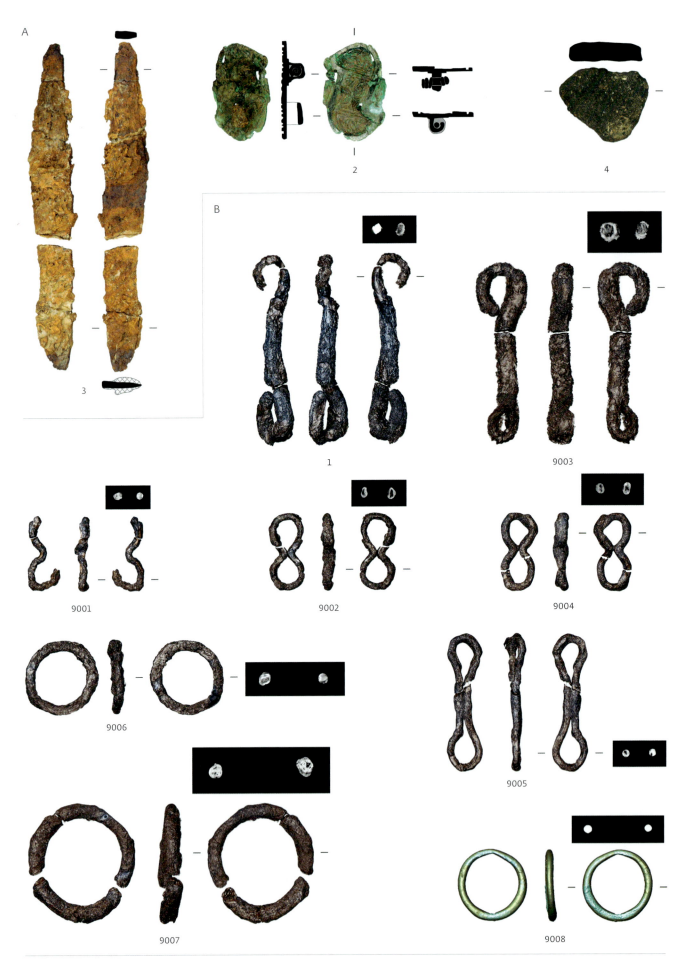

A

2

4

B

1

9003

9001

9002

9004

9006

9005

9007

9008

A Grab 785. — B Grab 786, CT.

A

1: A

1: A

1

B

10

A Grab 786 Organik. — B Grab 787.

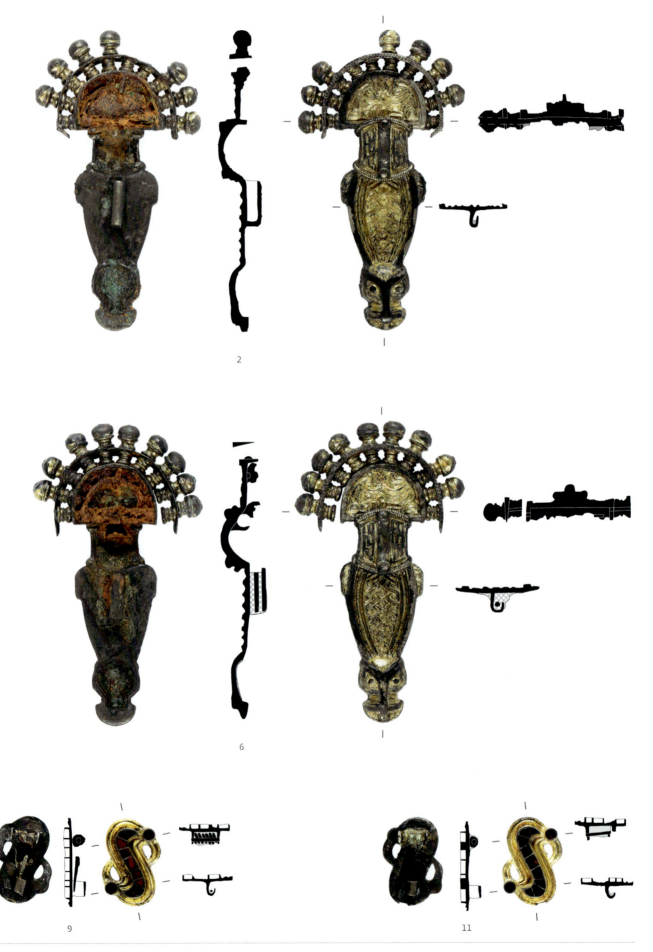

2

6

9

11

A

7

B

9: Kartierung A

6: Kartierung BCD

11: Kartierung A

10: Kartierung A

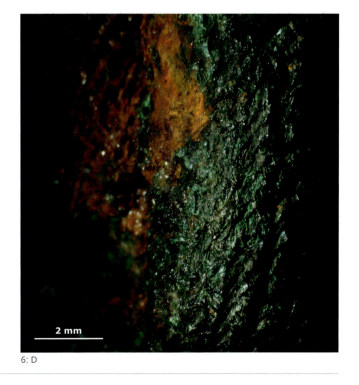

2 mm

6: D

A Grab 787. 7 M. 1:3, Detail ohne Maßstab. — B Grab 787 Organik.

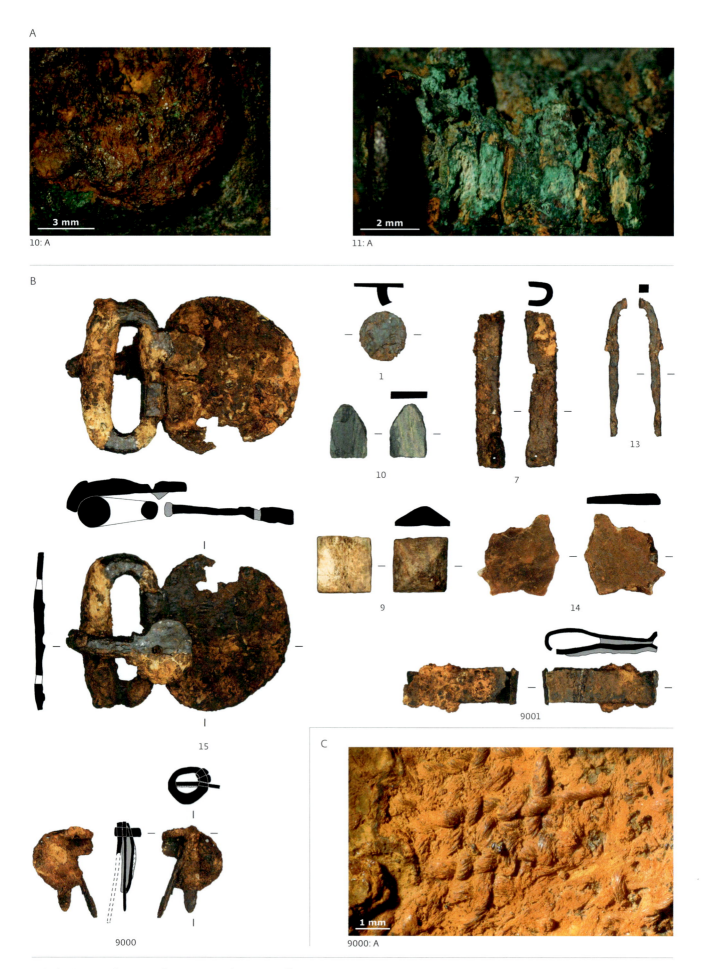

A

10: A

11: A

B

1

10

7

13

9

14

15

9001

C

9000

9000: A

A Grab 787 Organik. — B Grab 788. — C Grab 788 Organik.

A

13

15: B

B

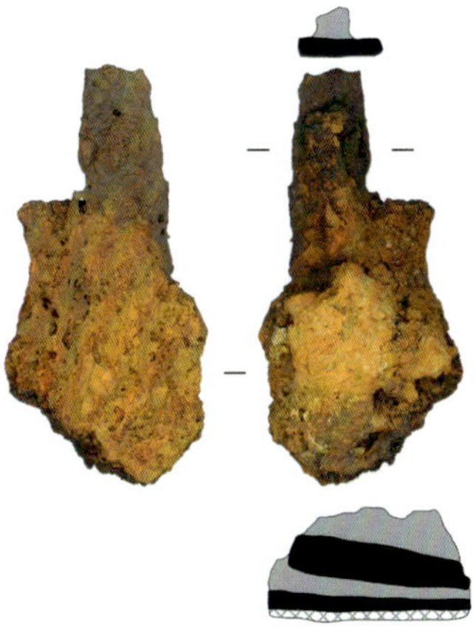

4

2

5

3

C

1

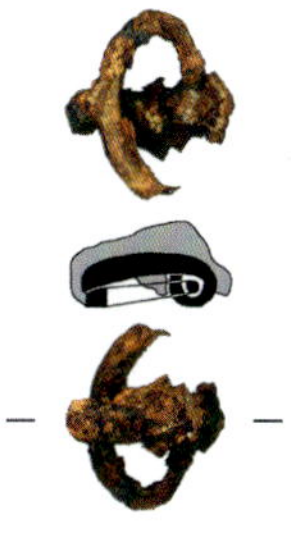

1

A Grab 788 Organik. — B Grab 789. — C Grab 790.

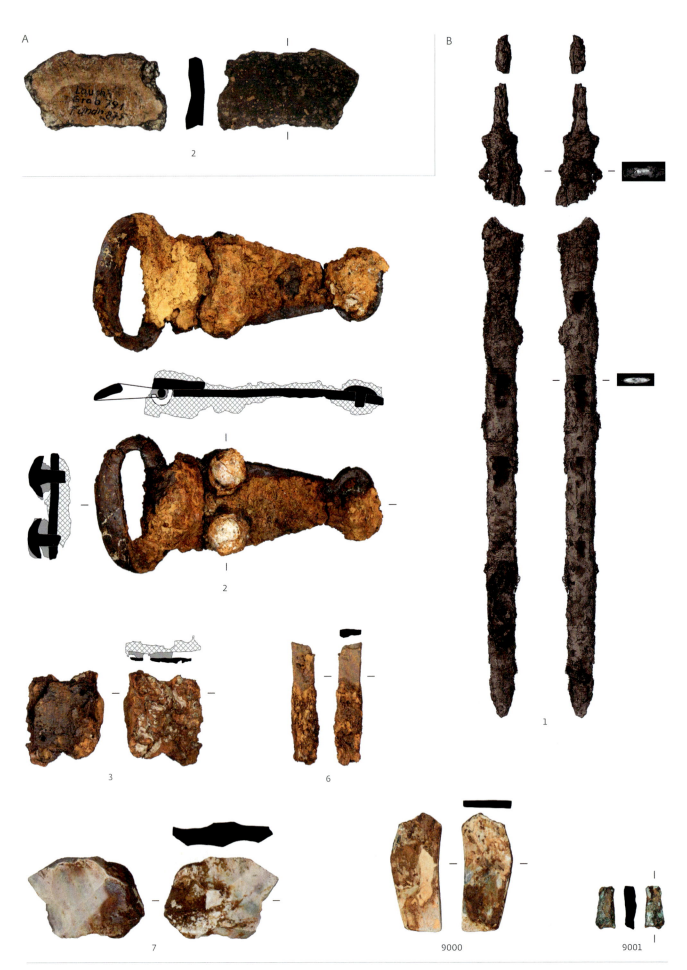

A

B

2

2

3

6

7

1

9000

9001

A Grab 791. — B Grab 792. 1 M. 1:5, CT.

A

8

9

B

9: A

7: A

8: A

3: C

A Grab 792. — B Grab 792 Organik.

A   B   C

3: B

2

6   1

3

4   7

A Grab 793. — B Grab 793 Organik. — C Grab 794.

A

9000

5

11
13
17

14
16

15

C

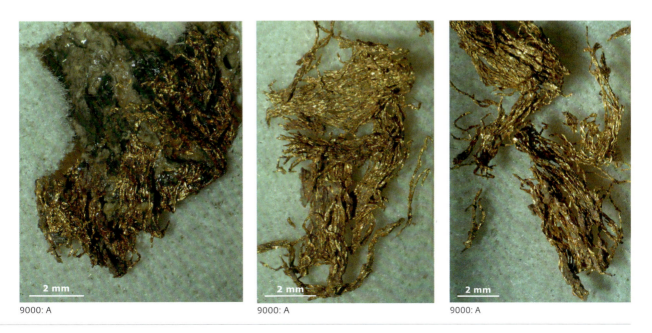

9000: A
9000: A
9000: A

2 mm
2 mm
2 mm

A Grab 794. — B Grab 795. — C Grab 795 Organik.

Tafel 128

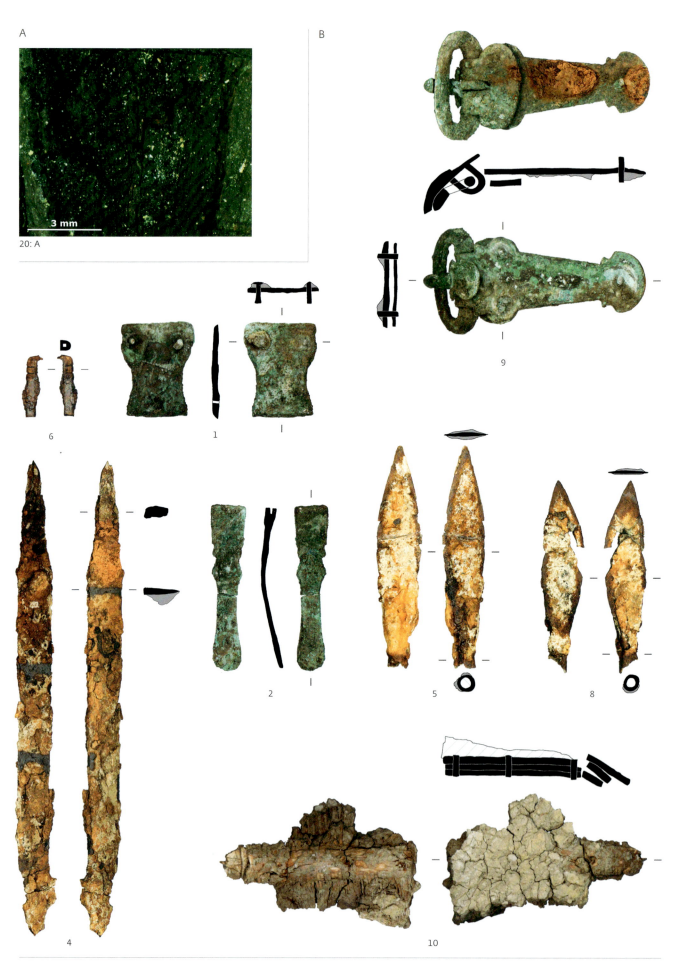

20: A

A Grab 795 Organik. — B Grab 798. 4 M. 1:3.

A

2: Kartierung A

1 mm

9: A

2 mm

9: CD

1 mm

4: C

2 mm

4: B

2 mm

4: A

2 mm

2: A

B

6

3

A Grab 798 Organik. — B Grab 799. 6 M. 1:2., 3 M. 1:3.

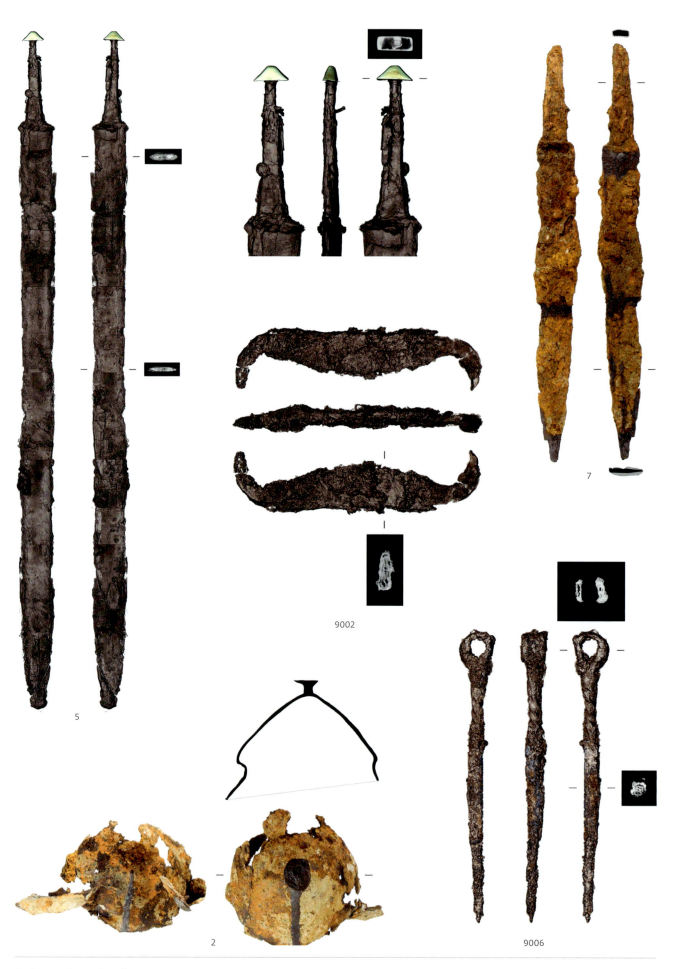

5

9002

7

2

9006

Grab 799. 5 M. 1:5, Detail M. 1:3. 2 M. 1:3. 5, 9002, 9006 CT.

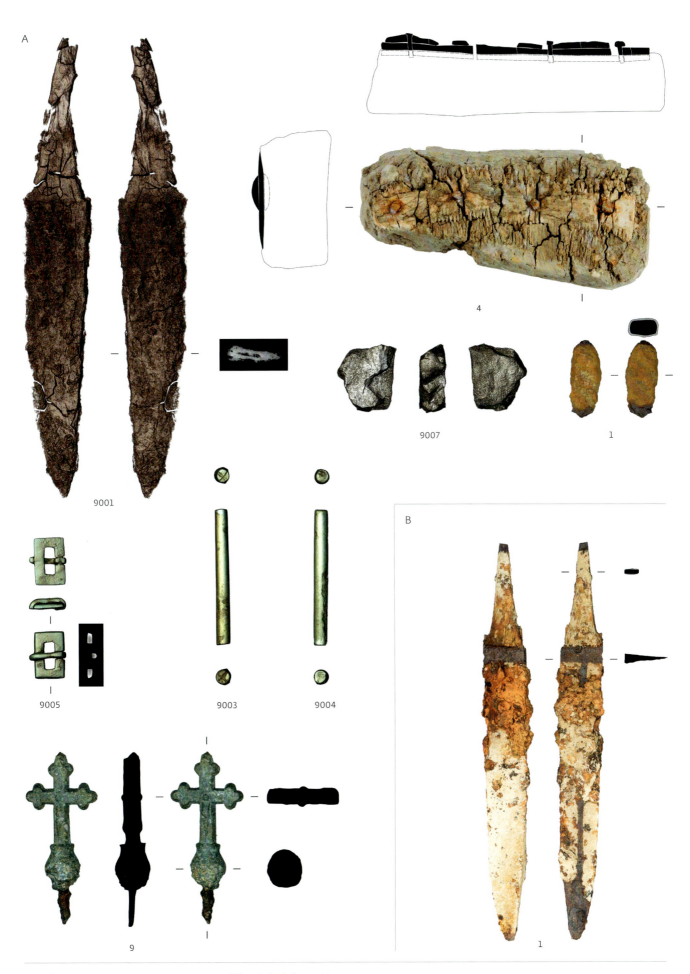

A

B

9001

9005 9003 9004

9 9007 4 1

1

A Grab 799. 9001, 9003, 9004, 9005, 9007 CT. — B Grab 800. 1 M. 1:3.

A

B

3

2

4

13

12

10

9

15

11

4: Kartierung ABC

2: Kartierung A

5: Kartierung A

1: Kartierung ABC

1: A

2 mm

A Grab 800. 11 M. 1:3. — B Grab 800 Organik.

A

2: A

5: A

14: A

1: B

1: C

B

6

9001

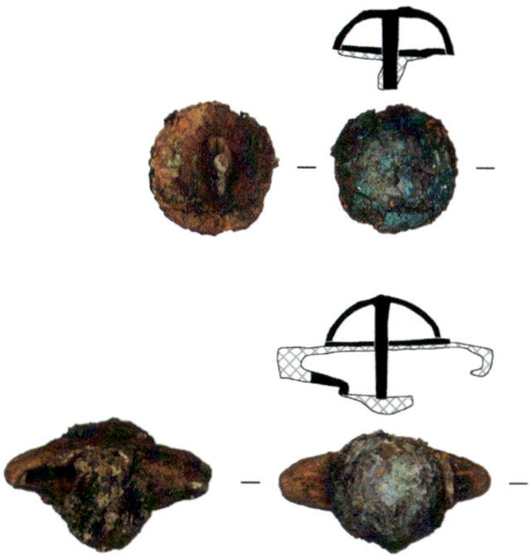

1

A Grab 800 Organik. — B Grab 801. 9001 CT.

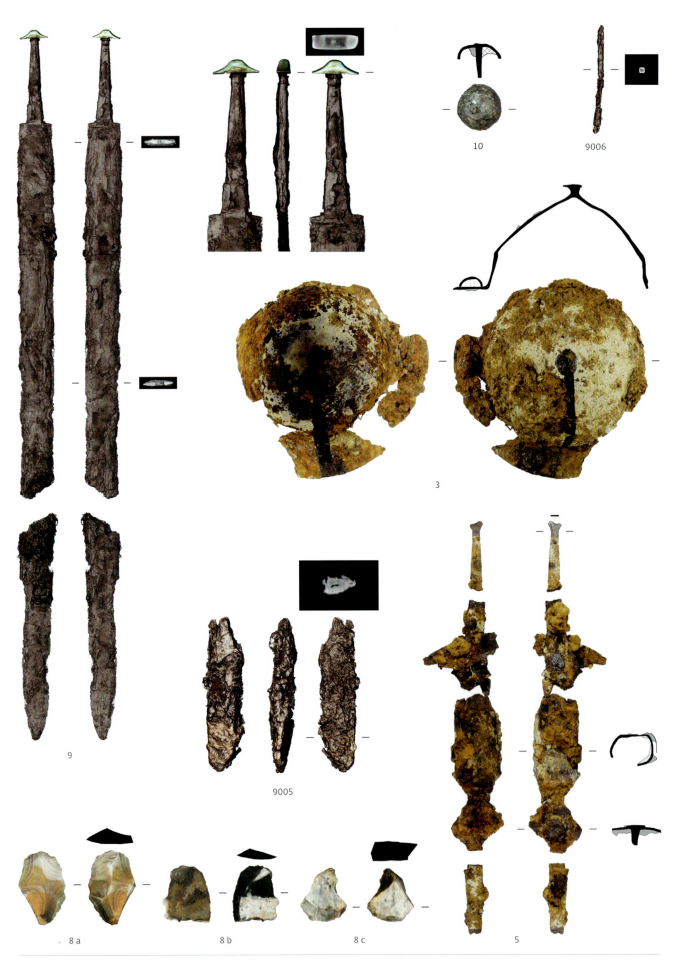

10

9006

3

9

9005

5

8 a

8 b

8 c

Grab 801. 9 M. 1:5, Detail, 3, 5 M.1:3. 9, 9005, 9006 CT.

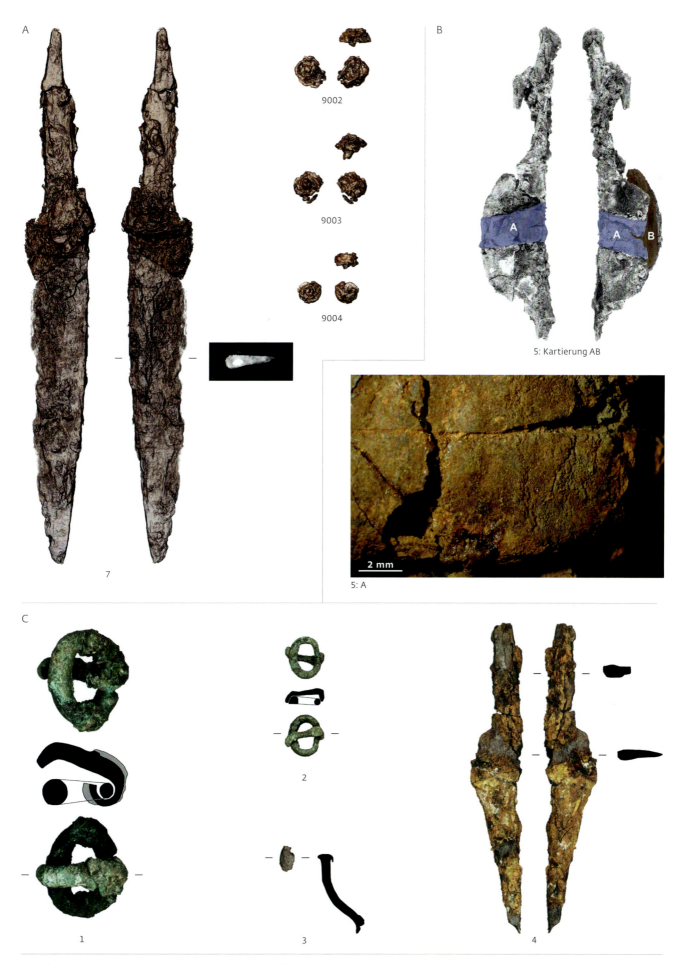

A

7

9002

9003

9004

B

5: Kartierung AB

2 mm

5: A

C

1

2

3

4

A Grab 801. 7, 9002, 9003, 9004 CT. — B Grab 801 Organik. — C Grab 802.

3

1

10

6

7

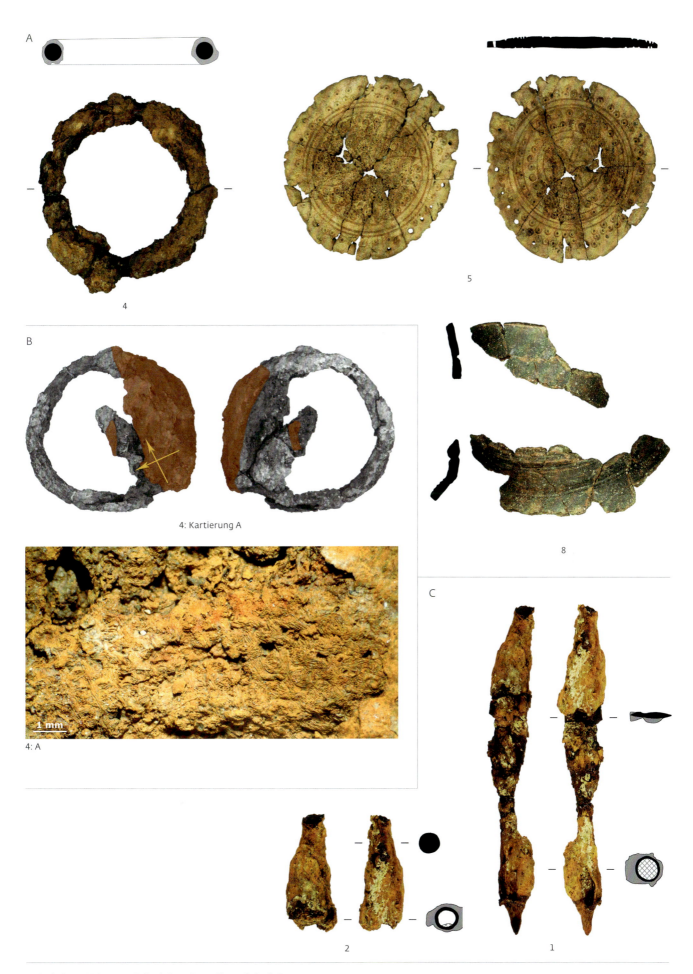

A

4

5

B

4: Kartierung A

8

1 mm

4: A

C

2

1

A Grab 803. 8 M. 1:3. — B Grab 803 Organik. — C Grab 804.

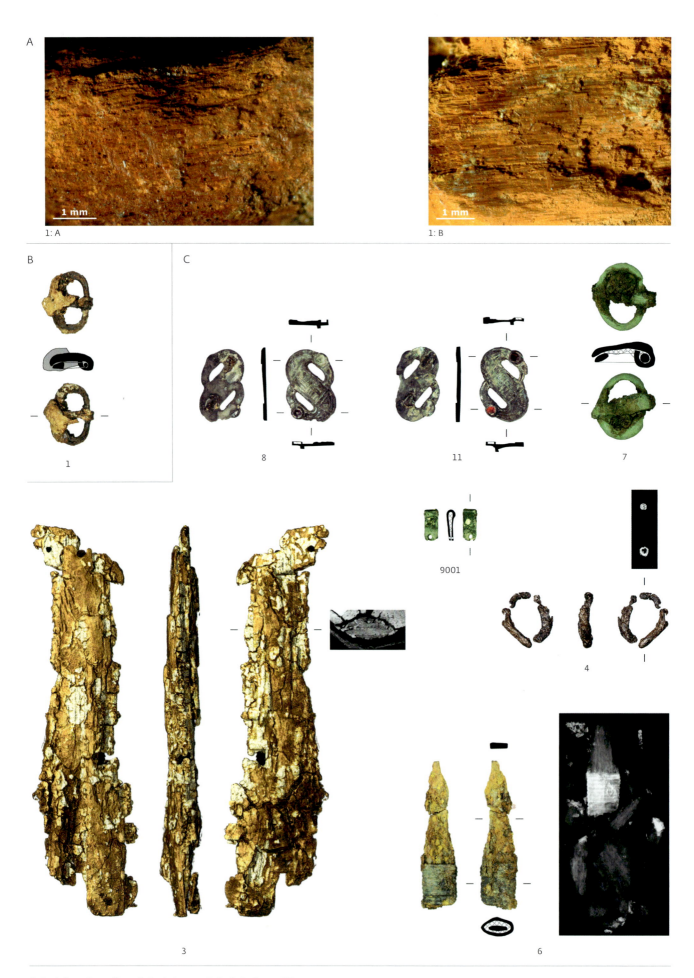

1: A

1: B

A

B

1

C

8

11

7

9001

4

3

6

A Grab 804 Organik. — B Grab 807. — C Grab 808. 3, 4 CT.

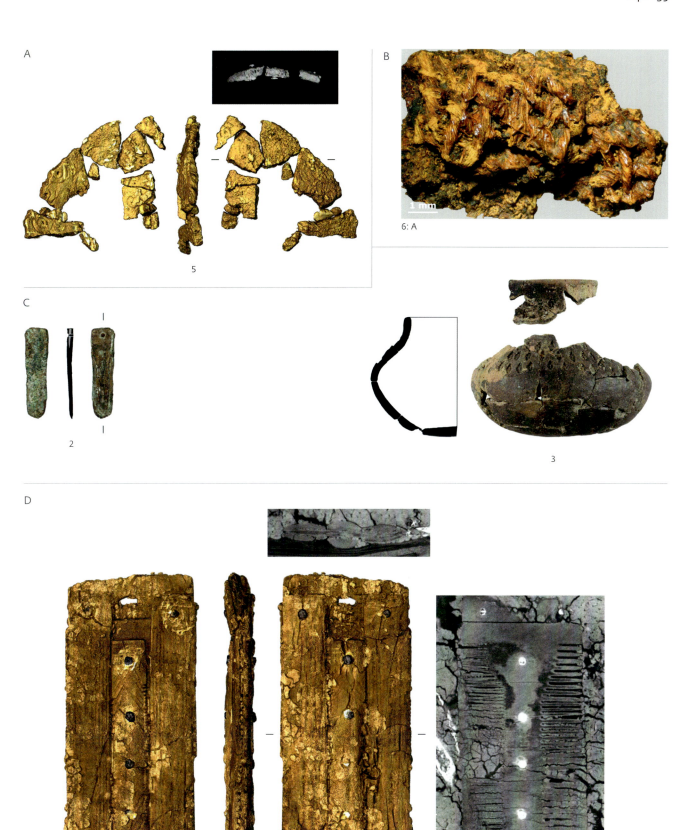

A

B

6: A

C

2

3

D

4

A Grab 808. 5 CT. — B Grab 808 Organik. — C Grab 809. 3 M. 1:3. — D Grab 810. 4 CT.

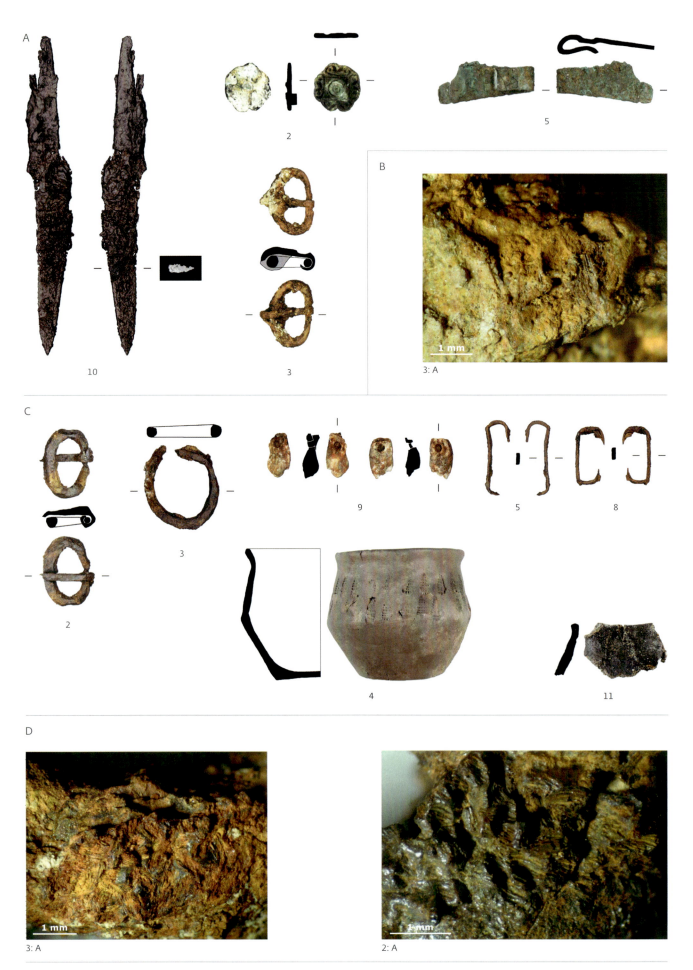

A Grab 810. 10 CT. — B Grab 810 Organik. — C Grab 811. 4, 11 M. 1:3. — D Grab 811 Organik.

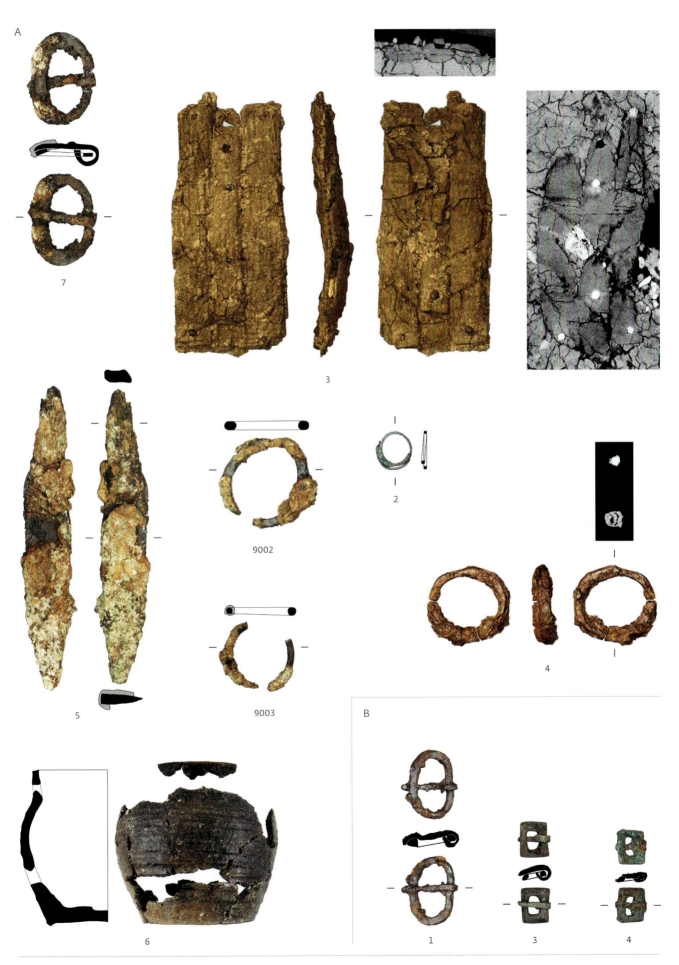

A

7

3

9002

2

9003

5

4

B

6

1

3

4

A Grab Grab 812. 6 M. 1:3. 3, 4 CT. — B Grab 813.

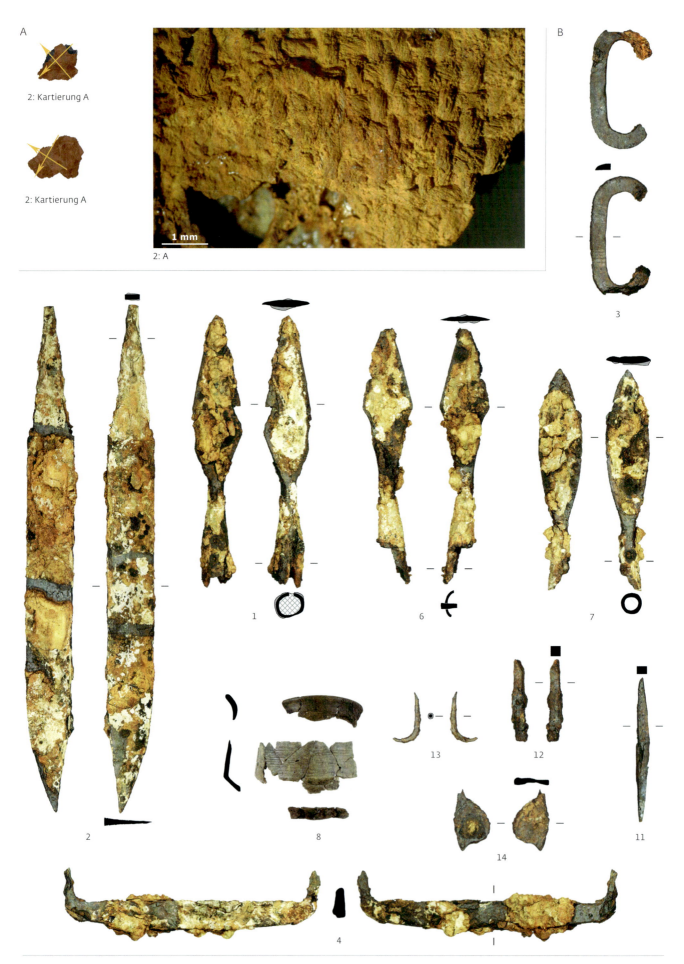

A

2: Kartierung A

2: Kartierung A

1 mm

2: A

B

3

1

6

7

13

12

11

14

2

8

4

A Grab 813 Organik. — B Grab 814. 2, 8 M. 1:3.

A Grab 814. — B Grab 815. 1 M. 1:3. — C Grab 816. 2 M. 1:3. — D Grab 817.

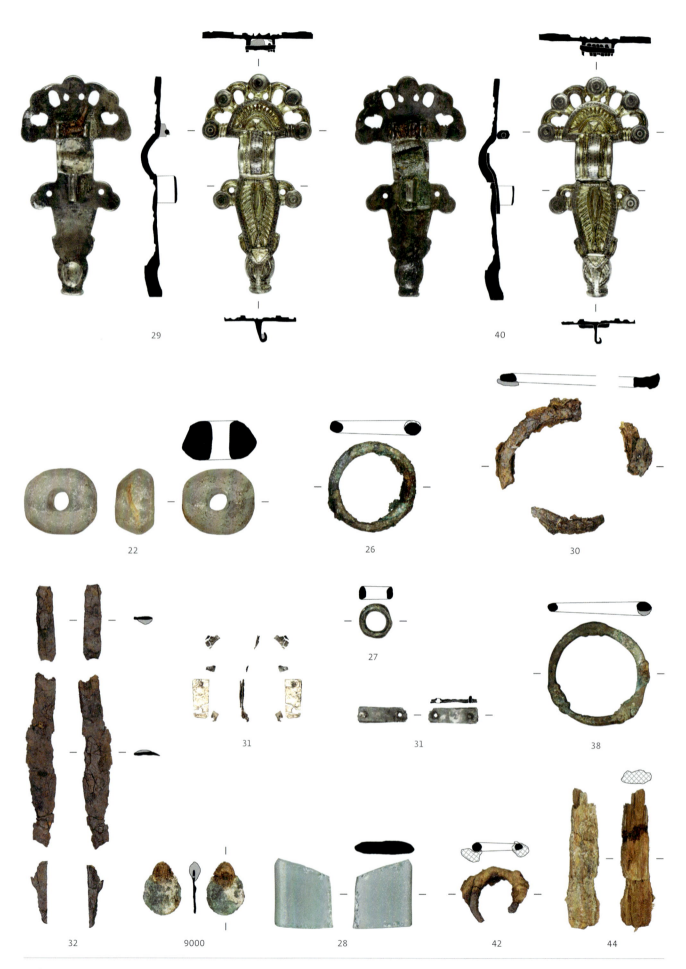

29

40

22

26

30

31

27

31

38

32

9000

28

42

44

Grab 817. 31 CT.

A

B

33

34

35

39

42: Kartierung A

21: Kartierung B

34: Kartierung A

A Grab 817. 33 M. 1:2, CT. — B Grab 817 Organik.

21: B Rekunstruktionsskizze

Öse

Nadel

Textil

21: B

44: A

30: A

35: A

9000: A

35: A

41: B

38: B

31: E

Grab 817 Organik.

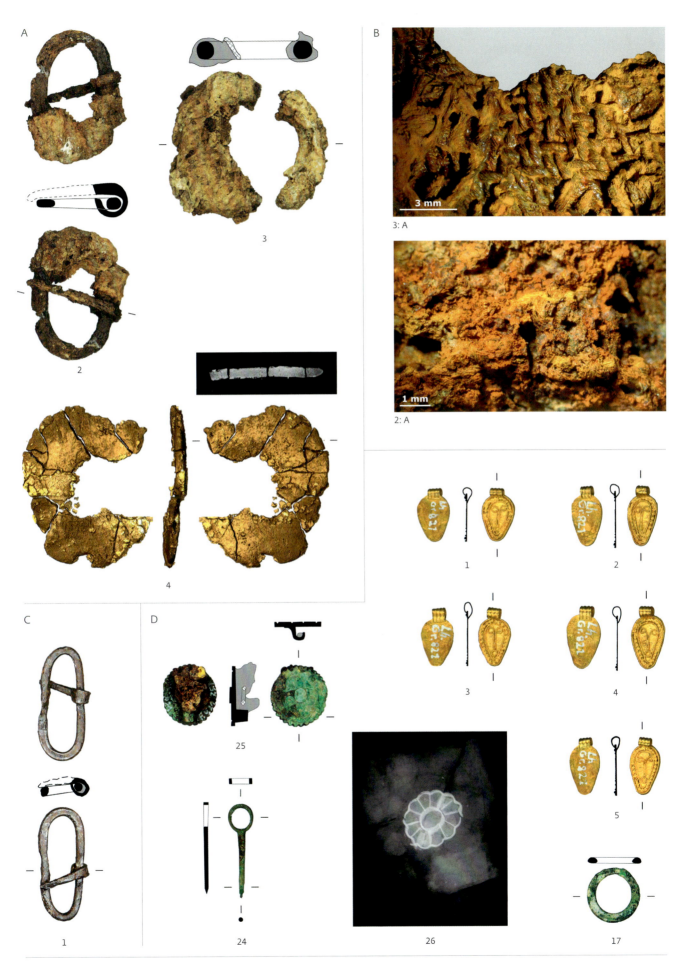

A Grab 818. 4 CT. — B Grab 818 Organik. — C Grab 820. — D Grab 821. 1-5 M. 1:1.

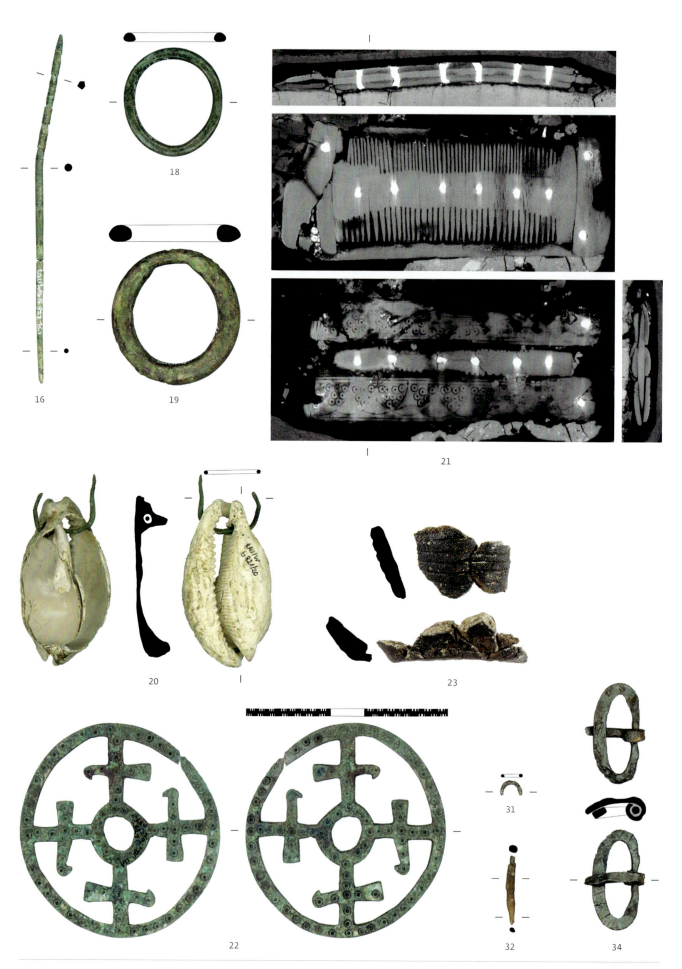

18

16

19

21

20

23

22

31

32

34

Grab 821. 21 CT.

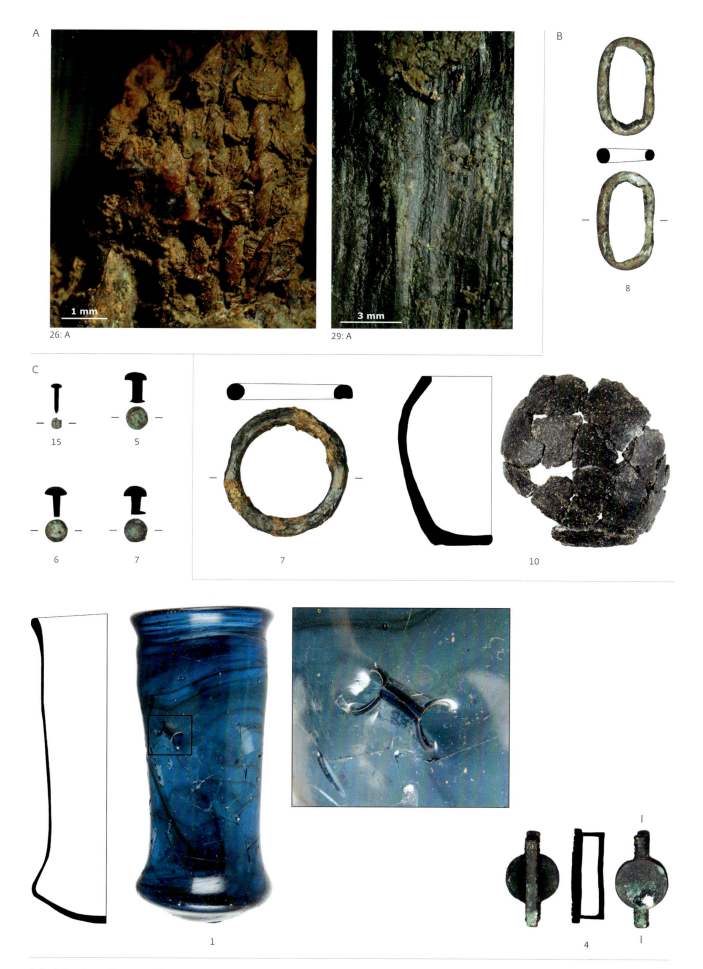

A

26: A

29: A

B

8

C

15

5

6

7

7

10

1

4

A Grab 821 Organik. — B Grab 823. 10 M. 1:3. — C Grab 824. 15 M. 1:1, 1 Detail ohne Maßstab.

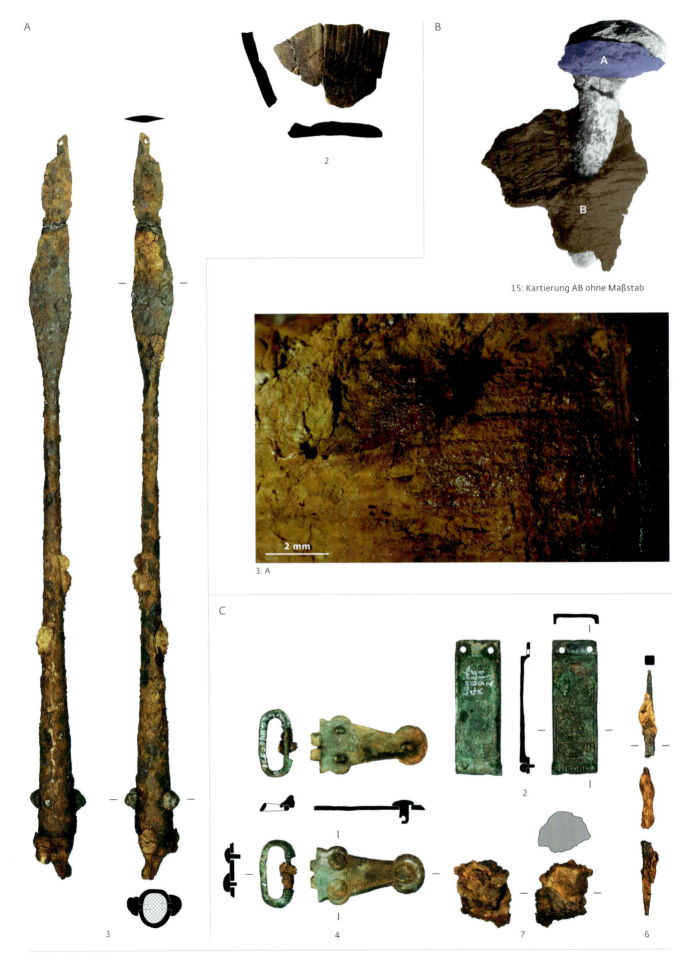

A

B

15: Kartierung AB ohne Maßstab

2 mm

3: A

C

2

3

4

7

6

A Grab 824. 3 M. 1:2, 2 M. 1:3. — B Grab 824 Organik. — C Grab 826.

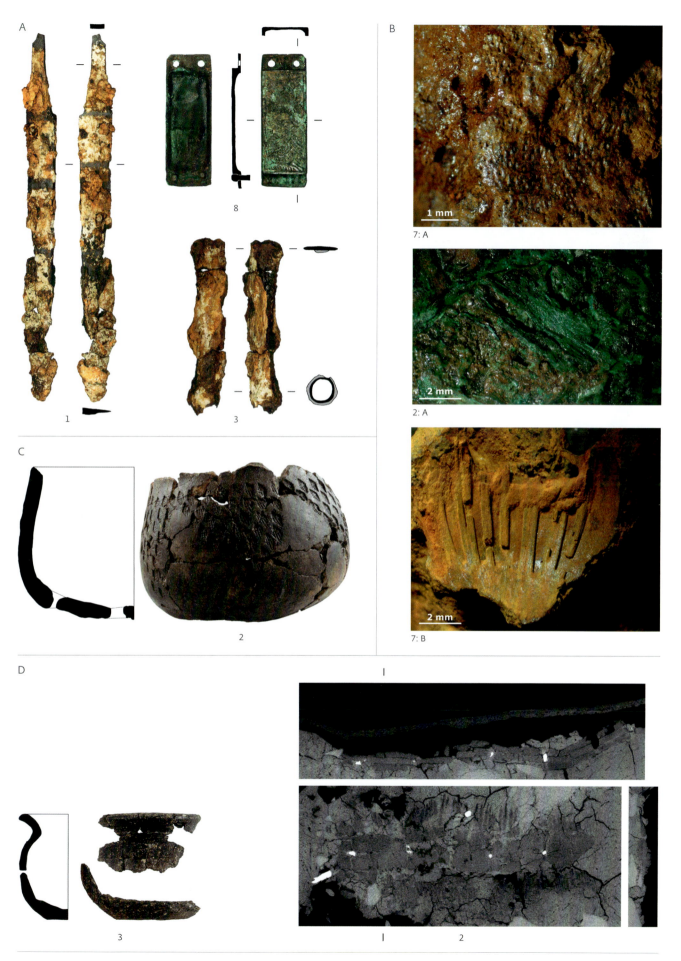

A Grab 826. 1 M. 1:3. — B Grab 826 Organik. — C Grab 827. 2 M. 1:3. — D Grab 828. 3 M. 1:3. 2 CT.

Tafel 152

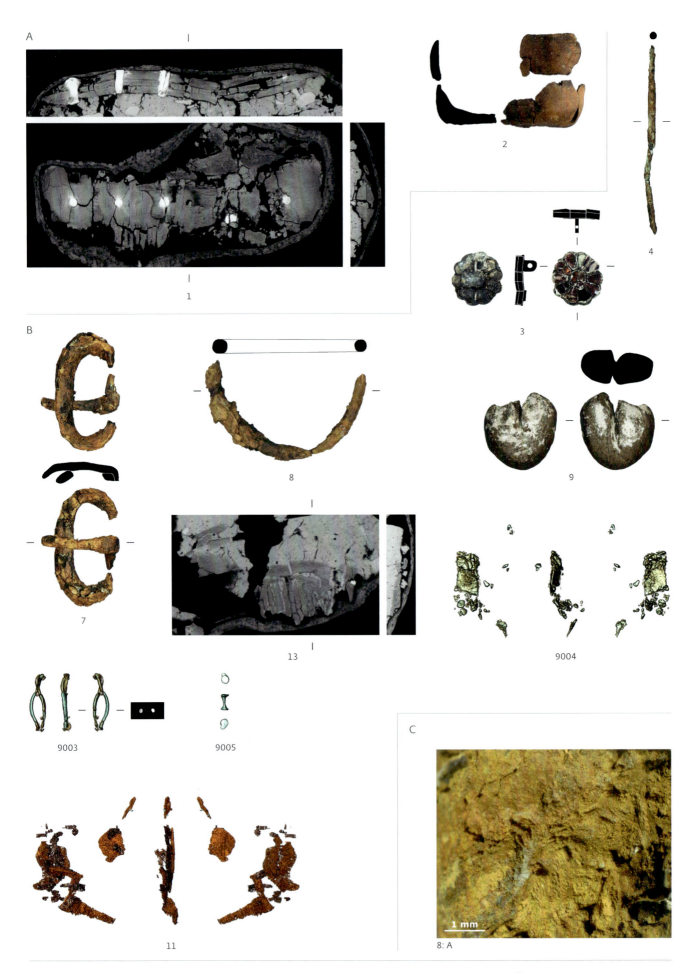

A Grab 829. 2 M. 1:3. 1 CT. — B Grab 831. 9003, 9005 M. 1:1. 11, 13, 9003, 9004, 9005 CT. — C Grab 831 Organik.

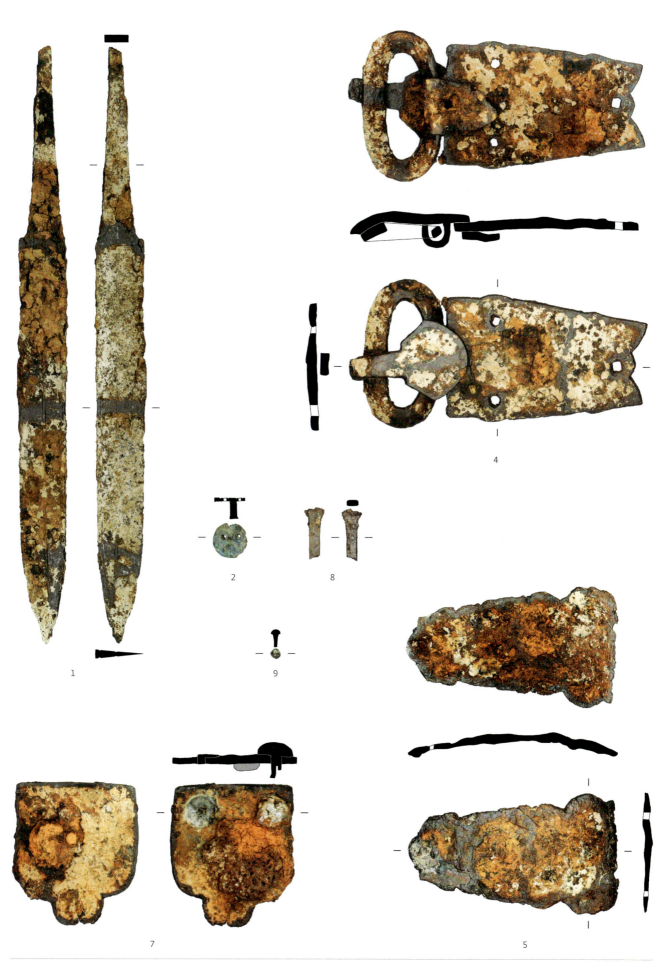

1

2

8

9

4

7

5

Grab 832. 1 M. 1:3.

A

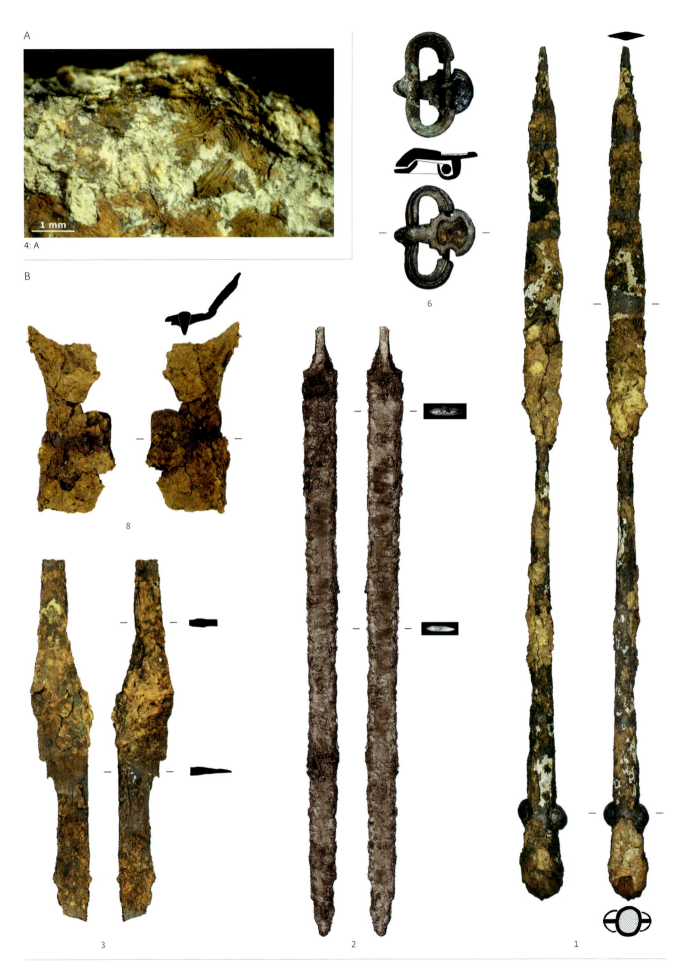

4: A

B

8

3

2

1

6

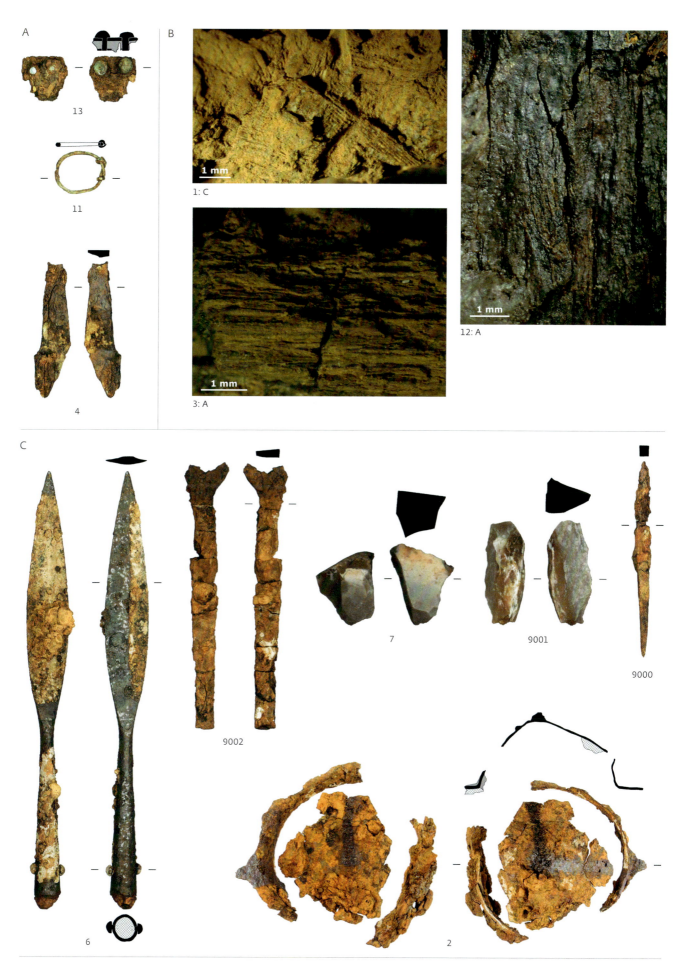

A

13

11

4

B

1: C

3: A

12: A

C

9002

7

9001

9000

2

6

A Grab 833. — B Grab 833 Organik. — C Grab 836. 2, 6 M. 1:3.

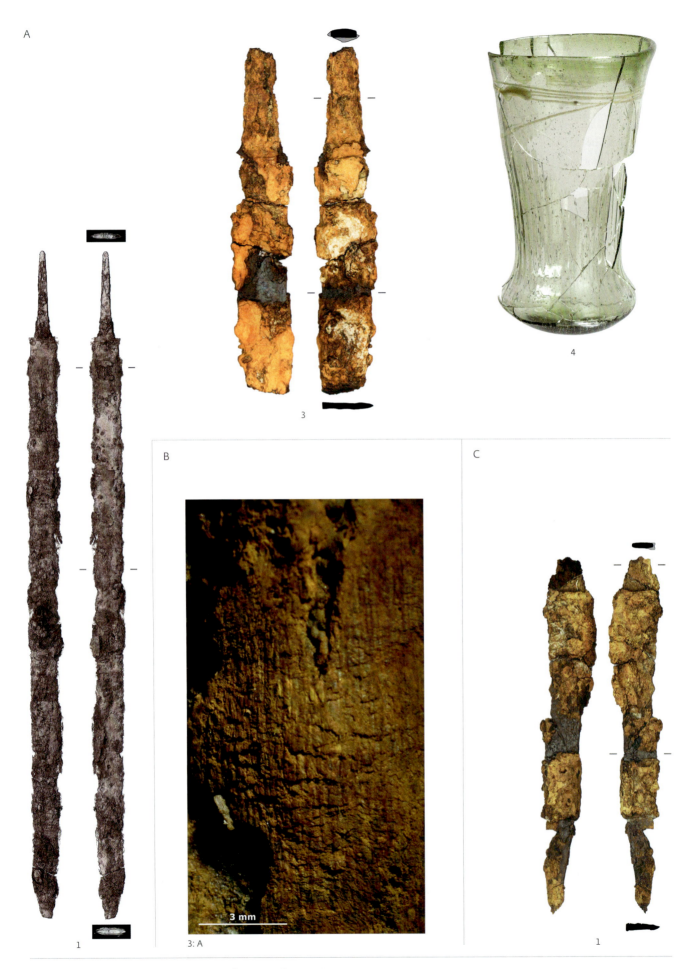

A

B

C

3

4

3: A

1

1

A Grab 836. 1 M. 1:5, CT. — B Grab 836 Organik. — C Grab 837. 1 M. 1:3.

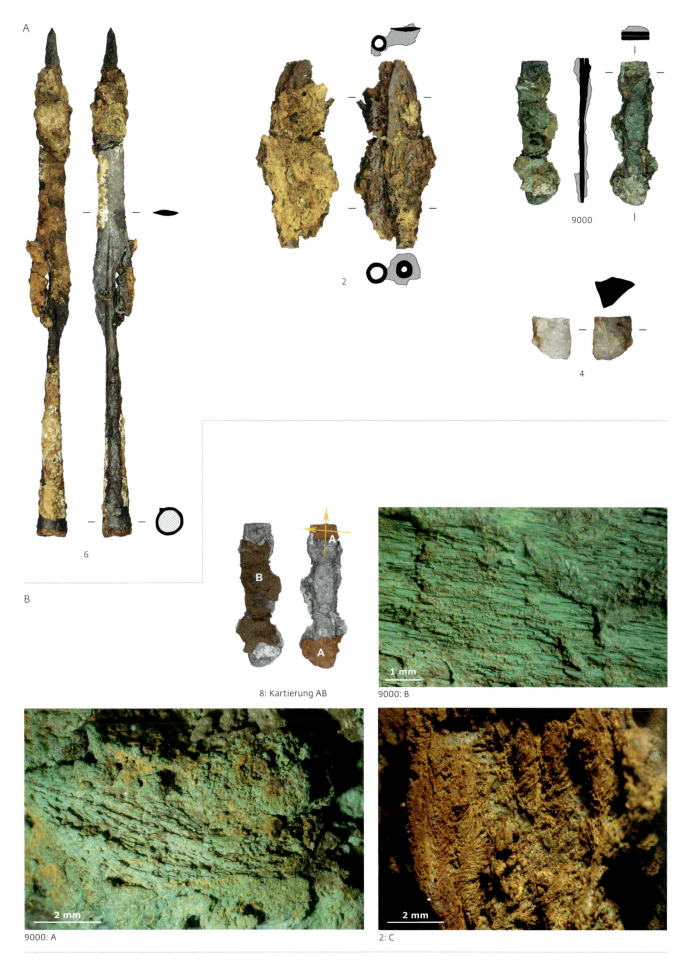

A

9000

2

4

6

B

8: Kartierung AB

9000: B

9000: A

2: C

A Grab 837. 6 M. 1:3. — B Grab 837 Organik.

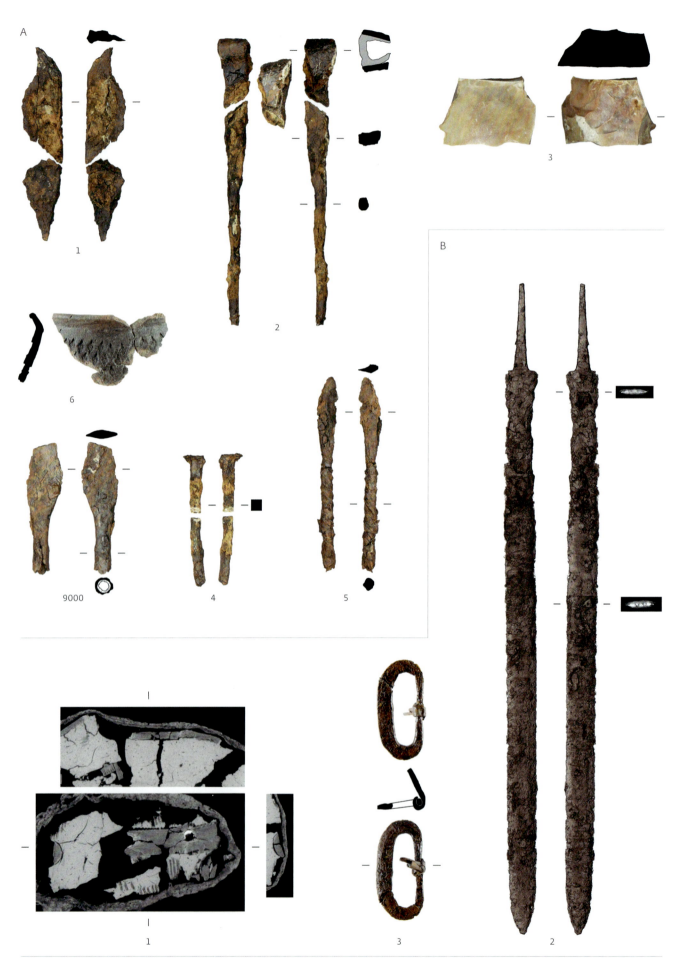

A Grab 838. 6 M. 1:3. — B Grab 839. 2 M. 1:5. 1, 2 CT.

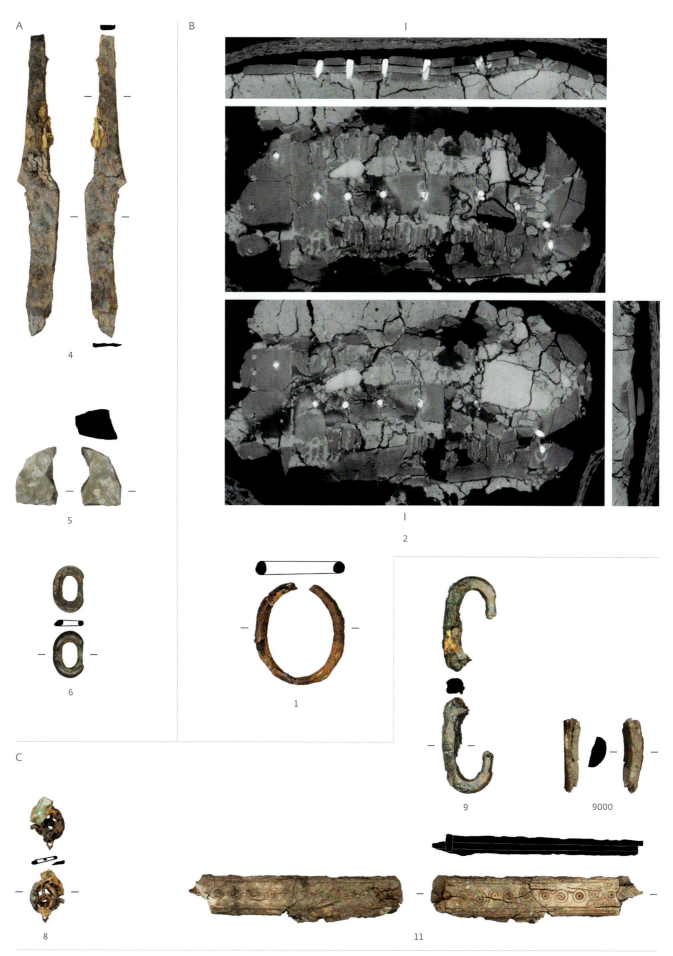

A Grab 839. — B Grab 840. 2 CT. — C Grab 841.

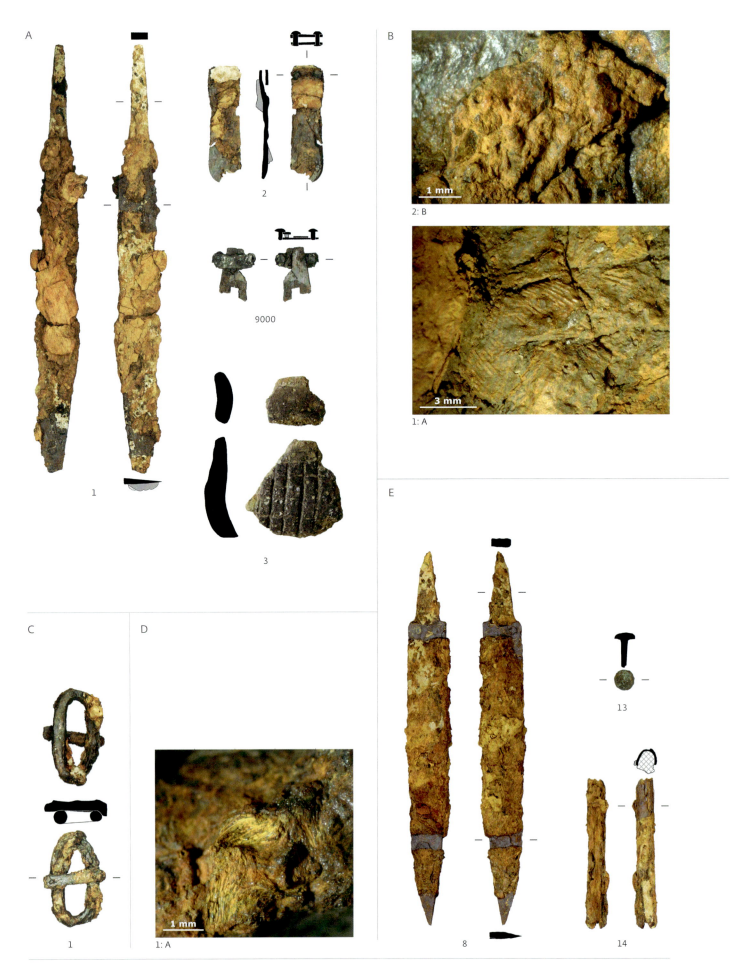

A Grab 843. 1 M. 1:3. — B Grab 843 Organik. — C Grab 844. — D Grab 844 Organik. — E Grab 845. 8 M. 1:3.

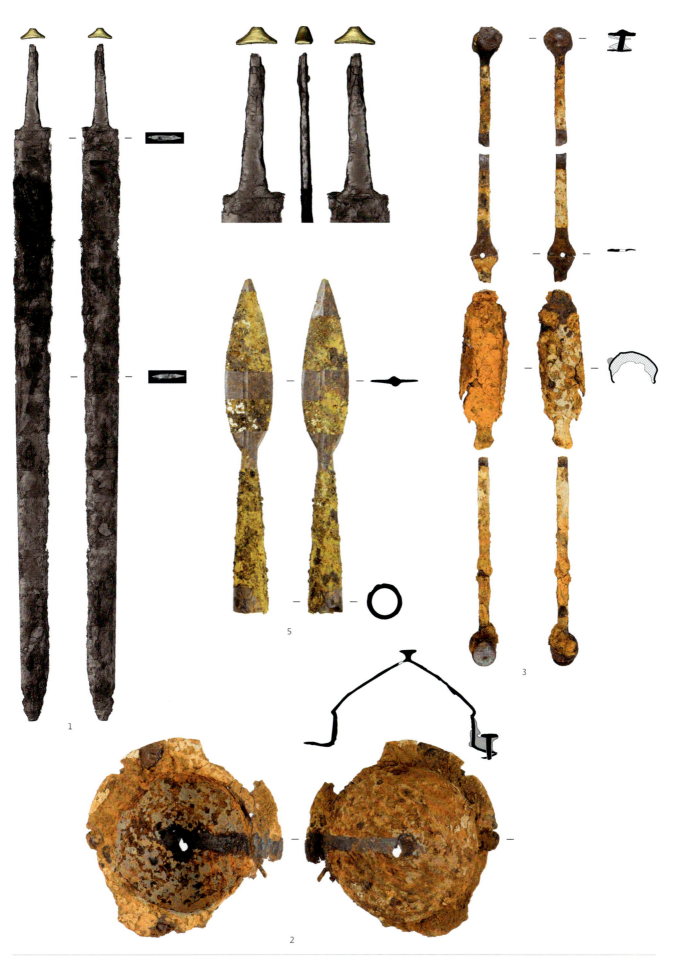

Grab 845. 1 M. 1:5, Detail M. 1:3. 2, 3, 5 M. 1:3.

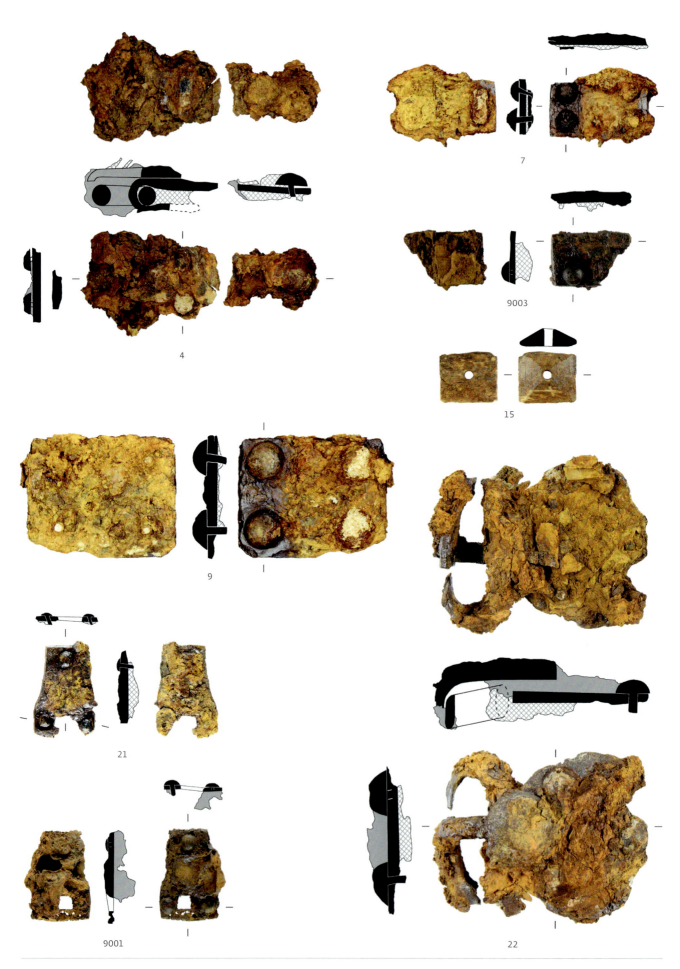

4

7

9003

15

9

21

9001

22

Grab 845.

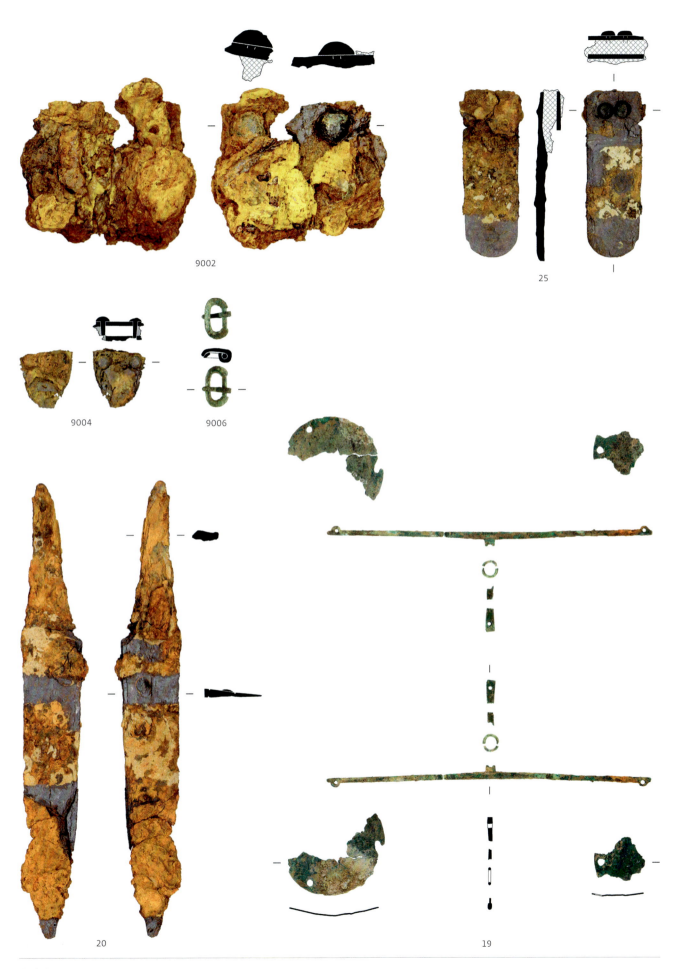

9002

25

9004

9006

20

19

Grab 845.

A

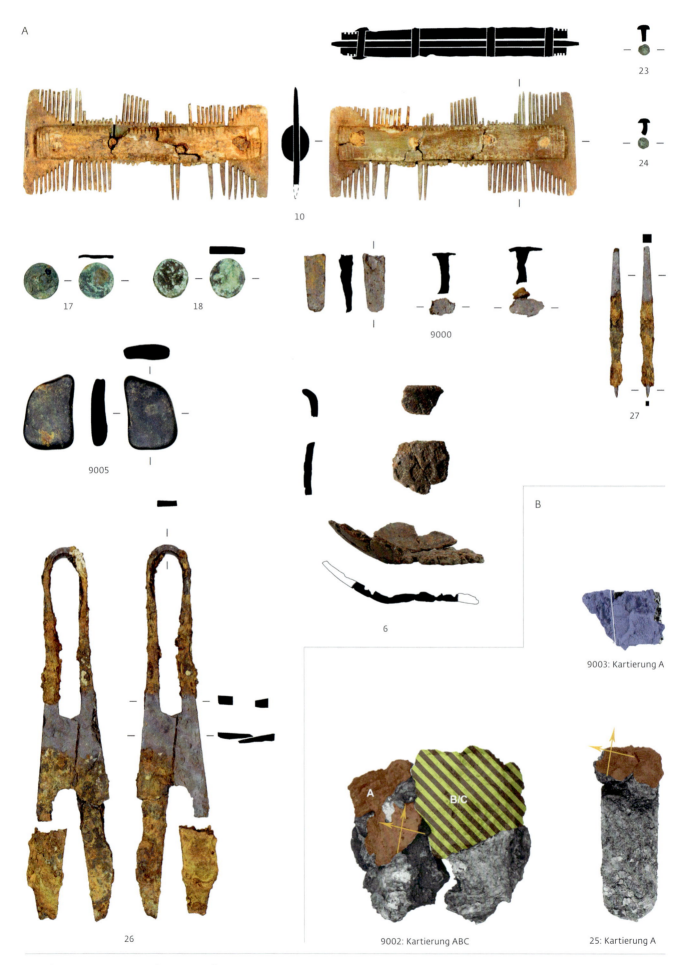

10

23

24

17   18

9000

27

9005

6

B

9003: Kartierung A

26

9002: Kartierung ABC

25: Kartierung A

A Grab 845. 6 M. 1:3. — B Grab 845 Organik.

9002: Kartierung ABCDEF

9001: Kartierung ABC

7: Kartierung AB

22: Kartierung ABCDE

9: Kartierung AB

4: Kartierung ABC

1: AB

3: A

Grab 845 Organik.

4: A

4: B

9: A

9: A

8: D

13: A

8: C

Grab 845 Organik.

19: B

22: A

22: B

22: D

9002: A

25: A

9002: A

9002: BC

Grab 845 Organik.

A

B

1: B

2 mm

C

D

1

2

4

10

11

12

13

2

A Grab 846. — B Grab 846 Organik. — C Grab 847. 2 M. 1:3. — D Grab 848. 2 M. 1:2.

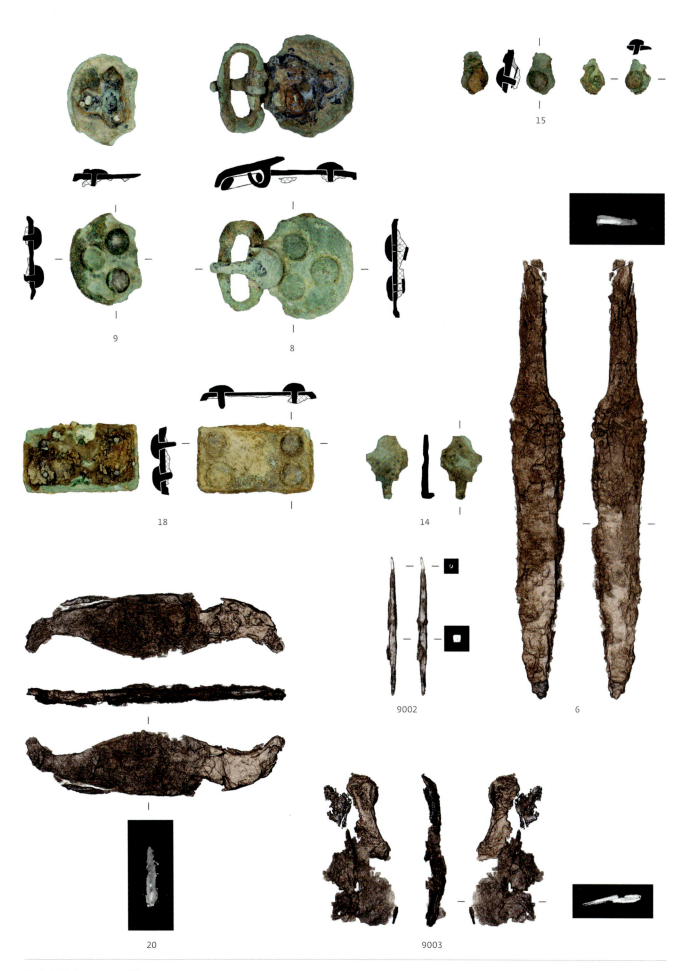

15

9

8

18

14

9002

6

20

9003

Grab 848. 6, 20, 9003 CT.

A

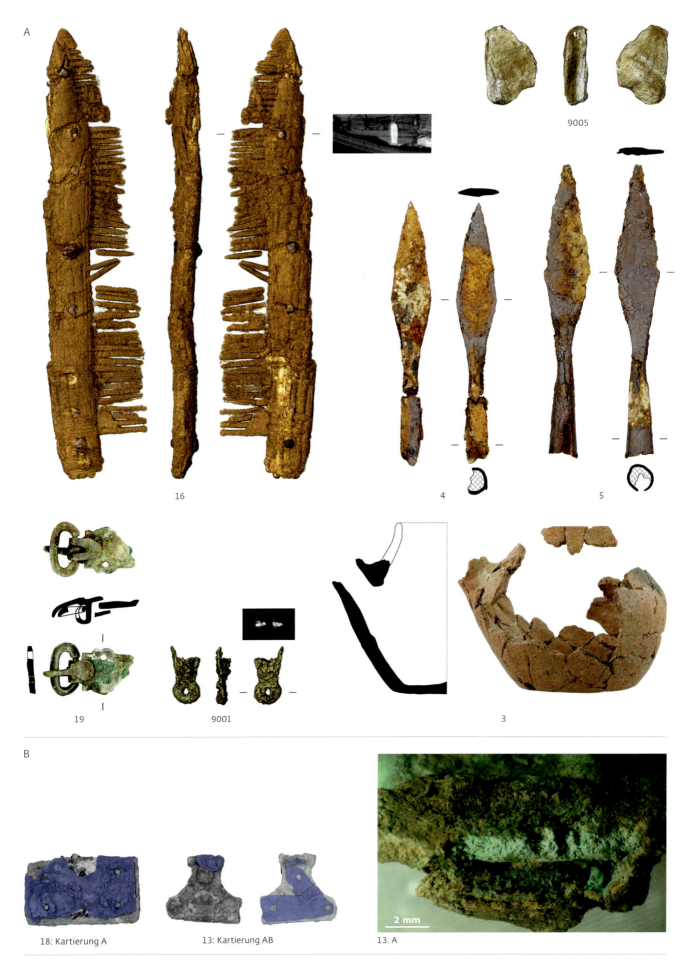

16

9005

4

5

19

9001

3

B

18: Kartierung A

13: Kartierung AB

13: A

2 mm

A Grab 848. 3 M. 1:3. 9001, 9005 CT. — B Grab 848 Organik.

A

9: A

8: A

B

9000

9001

2   1

10: A

C

2

D

2   3   4   9000

A Grab 848 Organik. — B Grab 849. — C Grab 852. — D Grab 853.

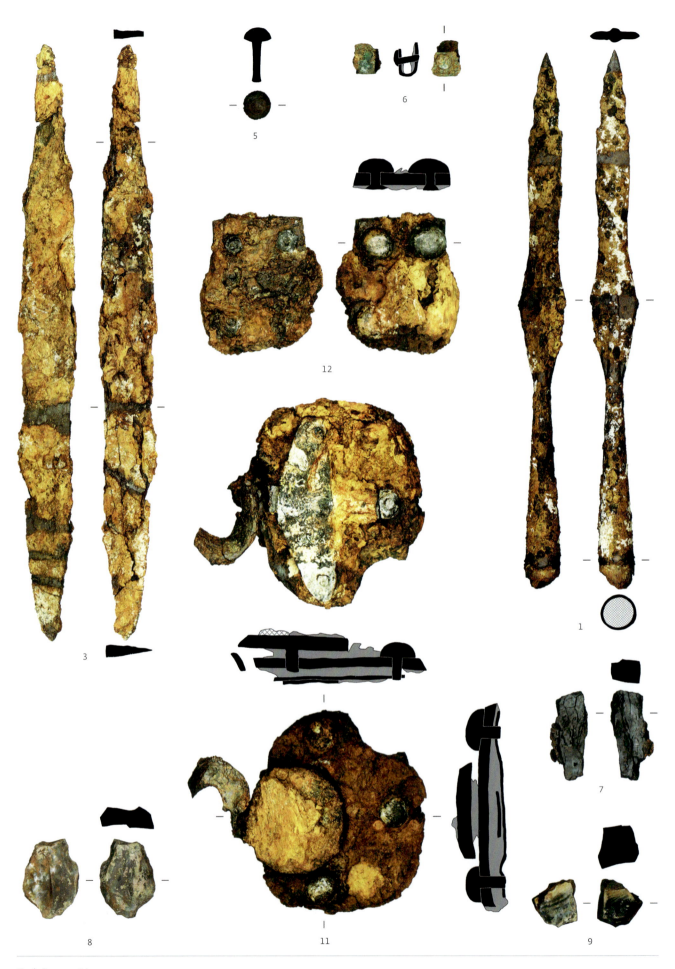

3

5

6

12

1

7

8

11

9

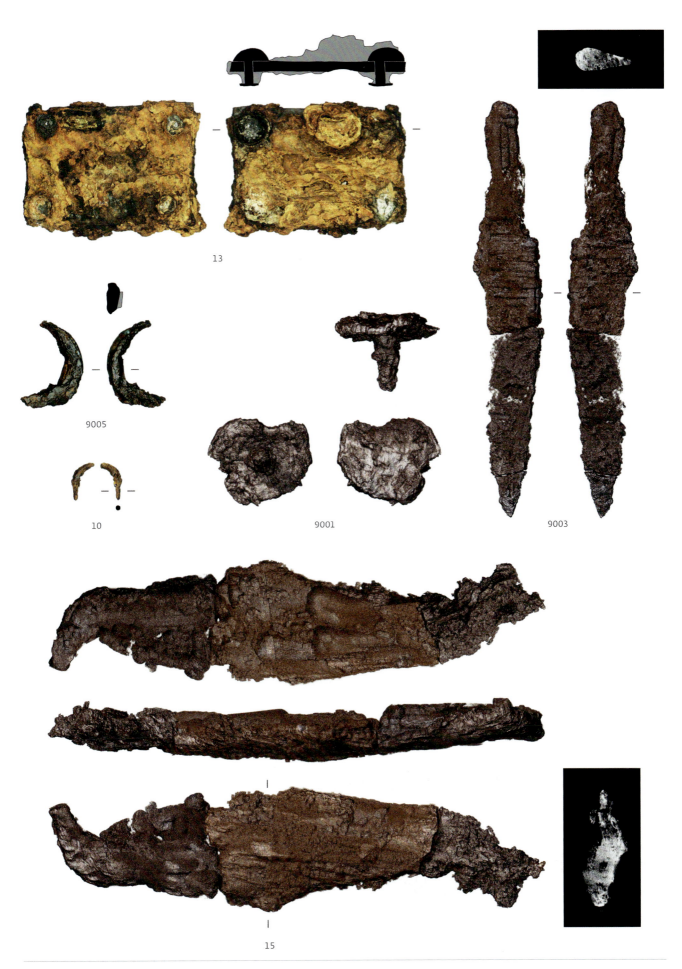

13

9005

10

9001

9003

15

Grab 854. 9001, 9003, 15 CT.

2

9004

Grab 854.

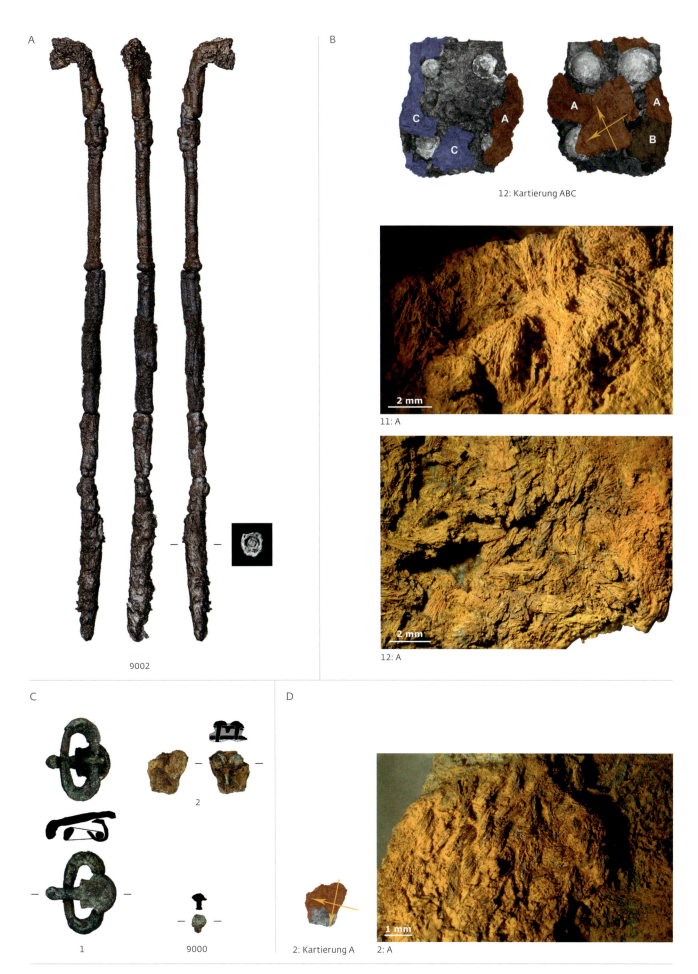

A Grab 854. 9002 CT. — B Grab 854 Organik. — C Grab 855. — D Grab 855 Organik.

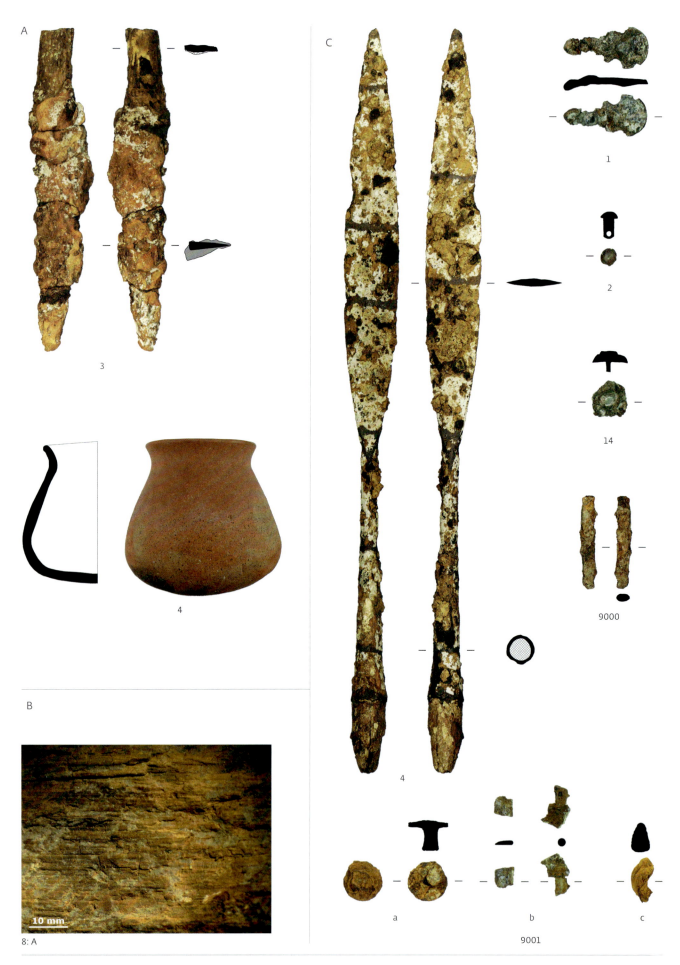

A

3

4

B

10 mm

8: A

C

1

2

14

9000

9001

a

b

c

4

A Grab 856. 4 M. 1:3. — B Grab 856 Organik. — C Grab 857. 4 M. 1:3.

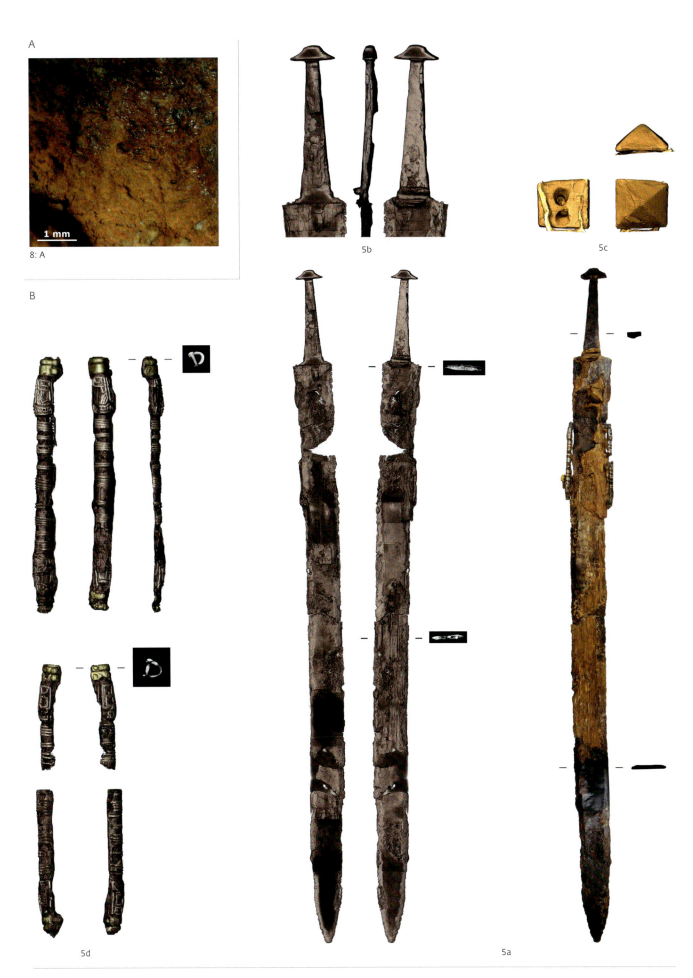

A

8: A

B

5b

5c

5d

5a

A Grab 857 Organik. — B Grab 858. 5a, M. 1:5, 5b M. 1:3, 5c, 5d M. 2:3. CT.

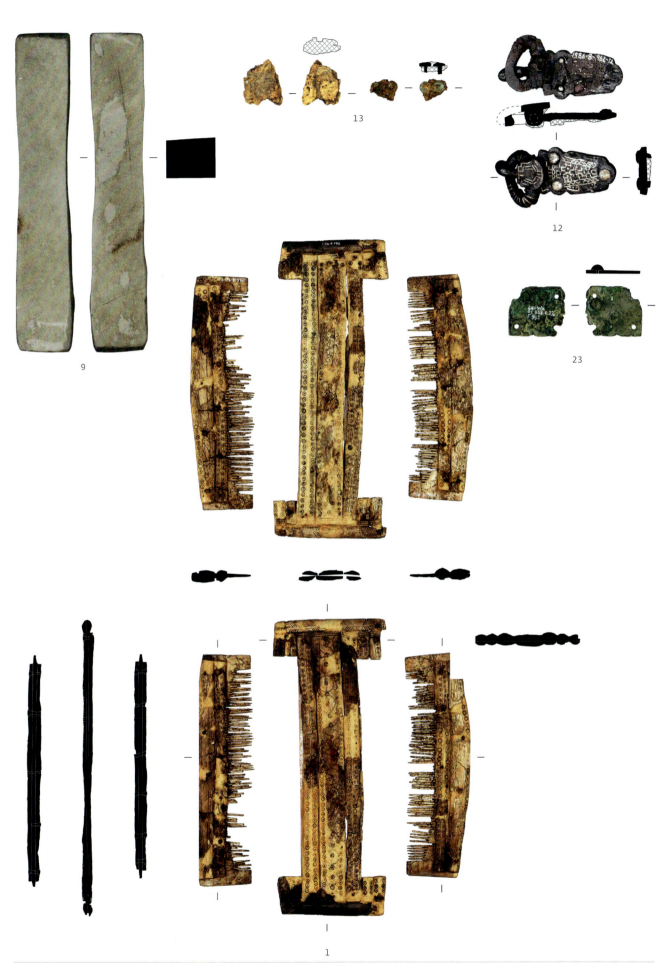

9

13

12

23

1

Grab 858.1 M. 1:3.

A

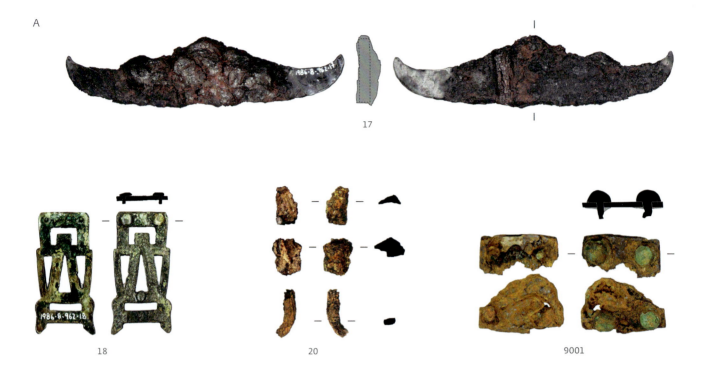

17

18   20   9001

B

3: C

3: A

3: D

16: A

A Grab 858. — B Grab 858 Organik.

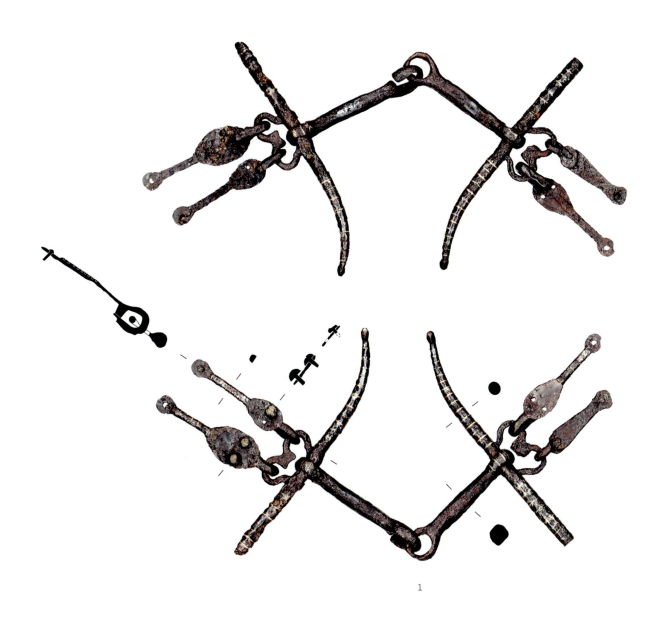

1

9000

2

3

4

Grab 859. 1 M. 1:2.

A

5

9001

6

7

9002

B

1 mm

9000: BC

2 mm

9002: A

C

5

6

8

2

7

1

D

6: Kartierung A

A Grab 859. — B Grab 859 Organik. — C Grab 860. 1 M. 1:3. — D Grab 860 Organik.

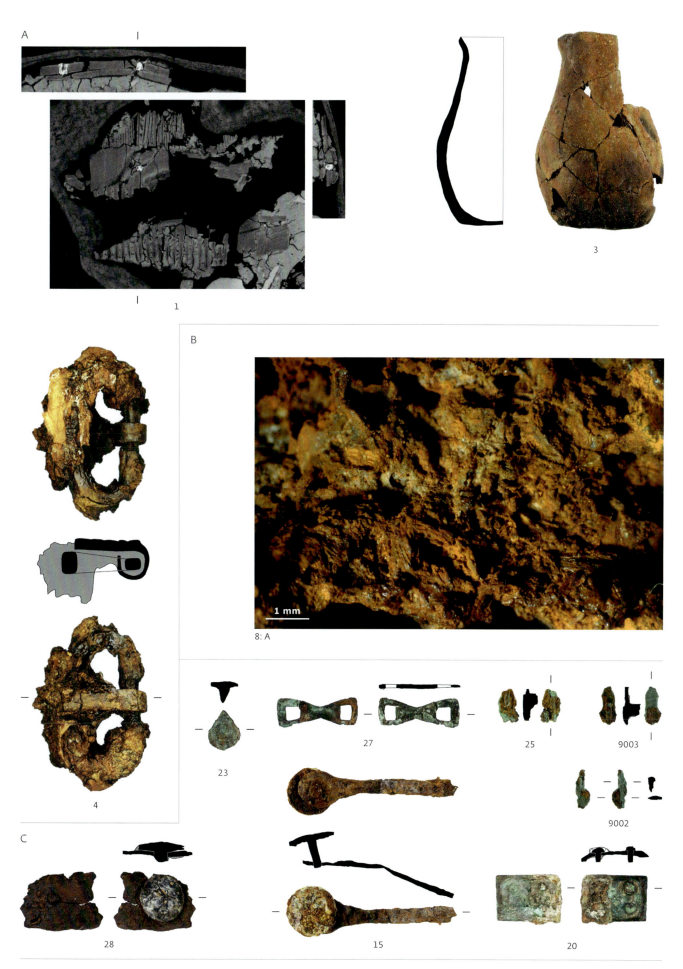

A   I

1

3

B

8: A

1 mm

4

23

27

25

9003

9002

C

28

15

20

A Grab 861. 1 CT. 3 M. 1:3. — B Grab 861 Organik. — C Grab 862.

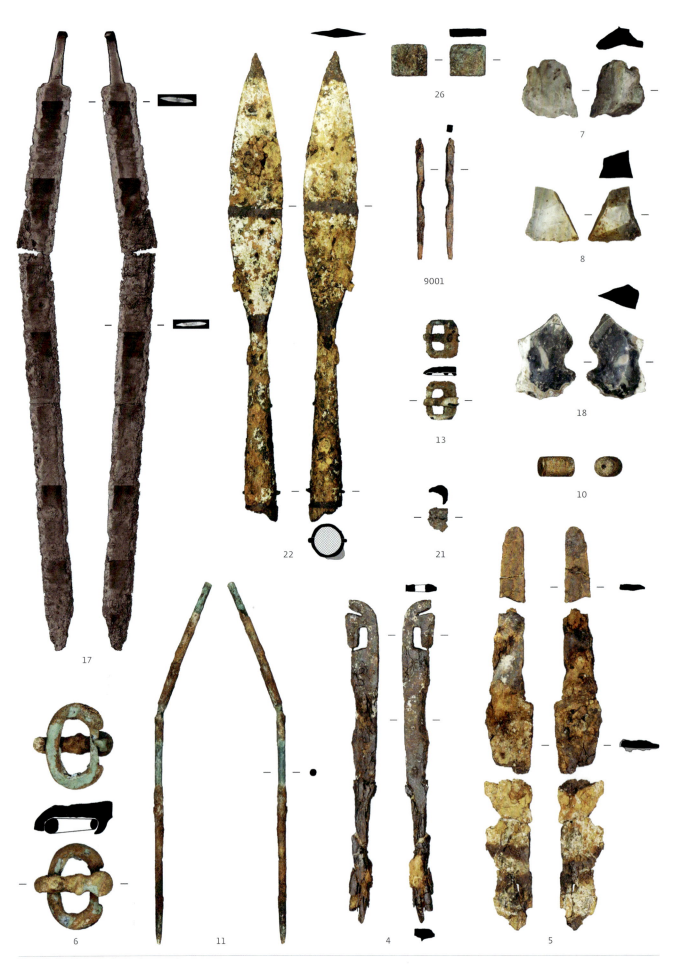

17
9001
26
7
8
18
13
10
22
21
6
11
4
5

Grab 862. 17 CT. 17 M. 1:5. 22 M. 1:3.

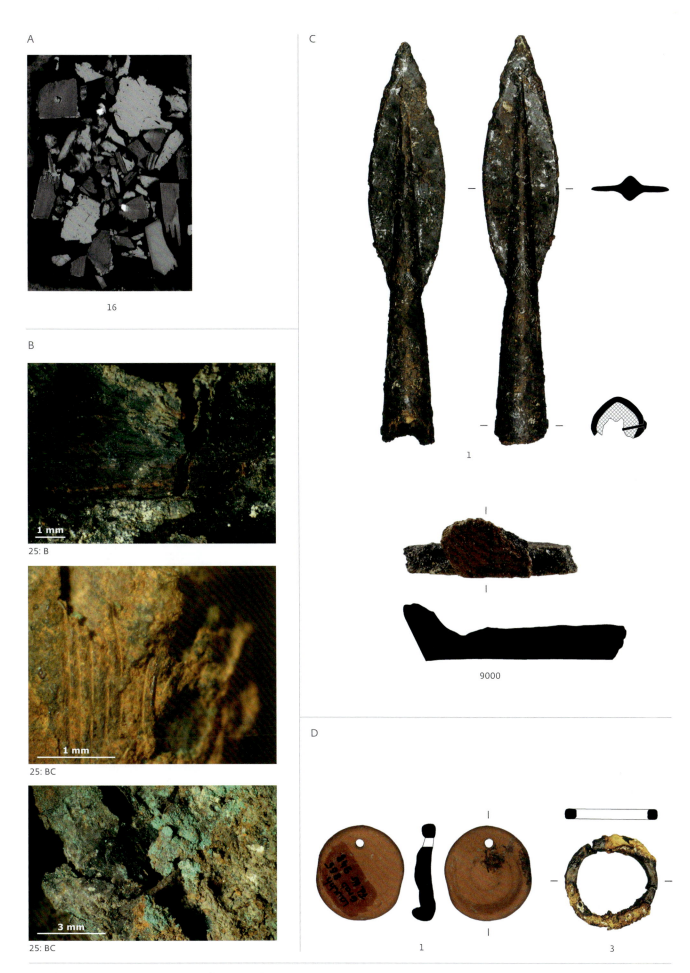

A

16

B

1 mm

25: B

1 mm

25: BC

3 mm

25: BC

C

1

9000

D

1

3

A Grab 862. 16 CT. — B Grab 862 Organik. — C Grab 863. 1 M. 1:2. — D Grab 865.

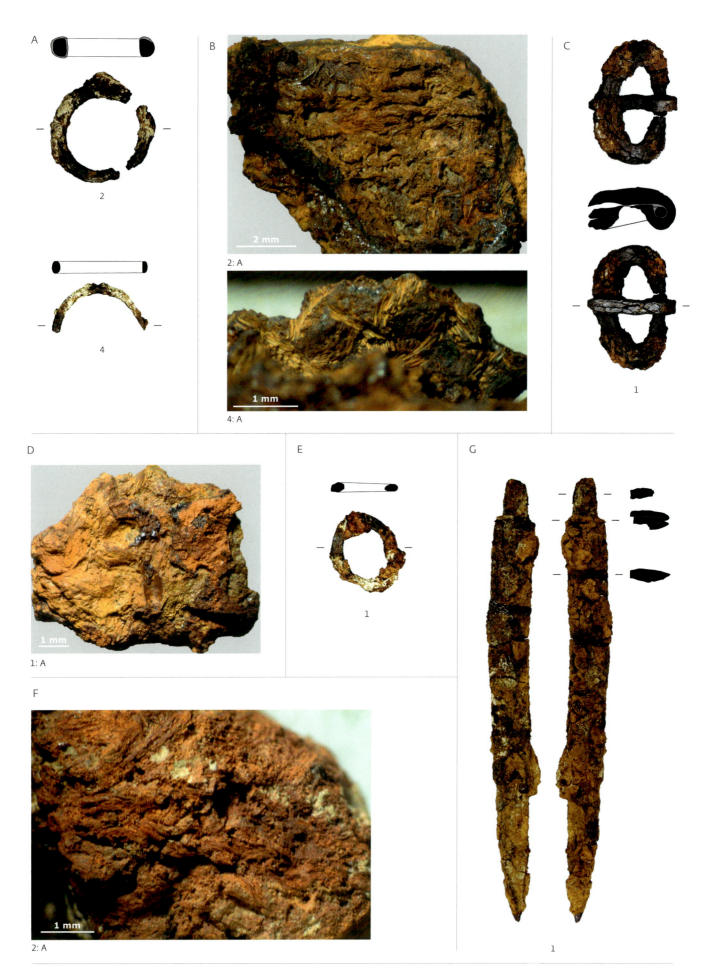

A Grab 865. — B Grab 865 Organik. — C Grab 866. — D Grab 866 Organik. — E Grab 867. — F Grab 867 Organik. — G Grab 868. 1 M. 1:3.

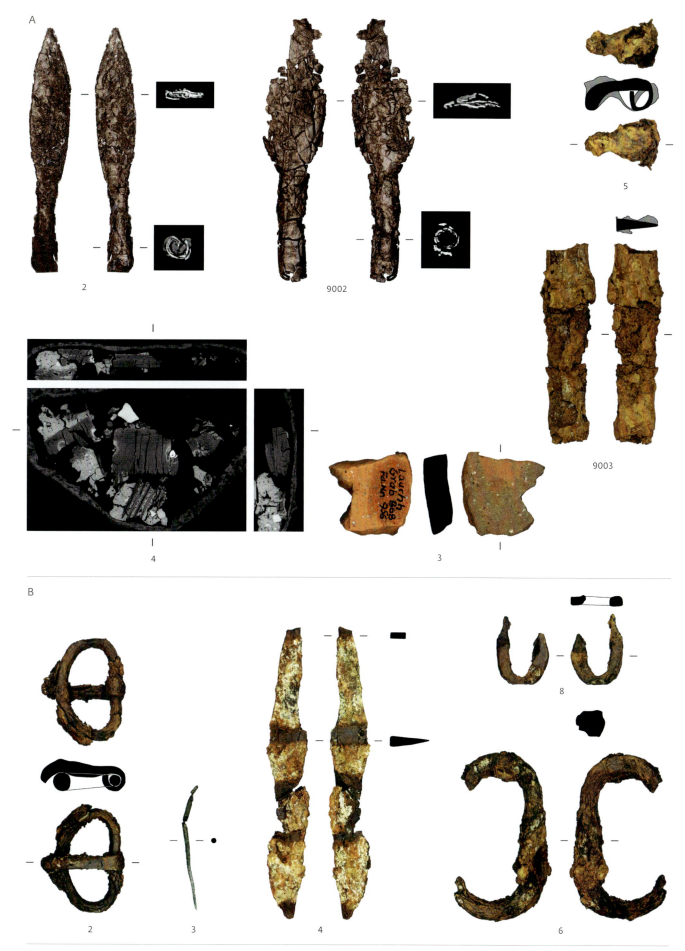

A

2

9002

5

9003

4

3

B

2

3

4

8

6

A Grab 868. 2, 4, 9002 CT. — B Grab 869.

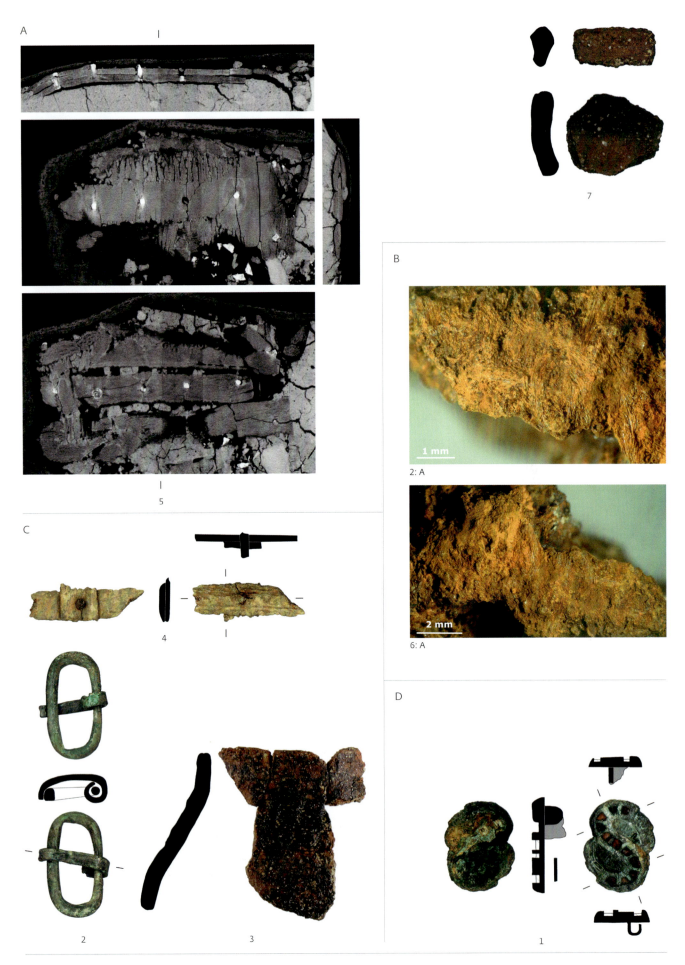

A

B

C

D

2: A

6: A

1 mm

2 mm

4

2

3

5

7

1

A Grab 869. 5 CT. — B Grab 869 Organik. — C Grab 872. — D Grab 874.

A Grab 874. 6 CT. — B Grab 874 Organik. — C Grab 875. 8 M. 1:3.

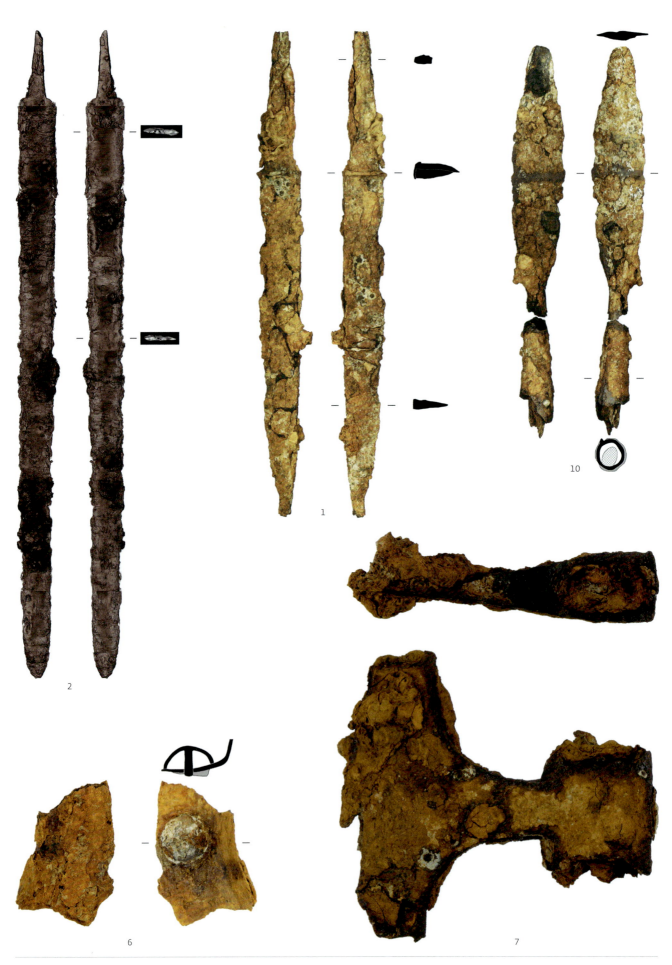

1

2

6

7

10

Grab 876. 2 M. 1:5. 1, 6, 10 M. 1:3. 2 CT.

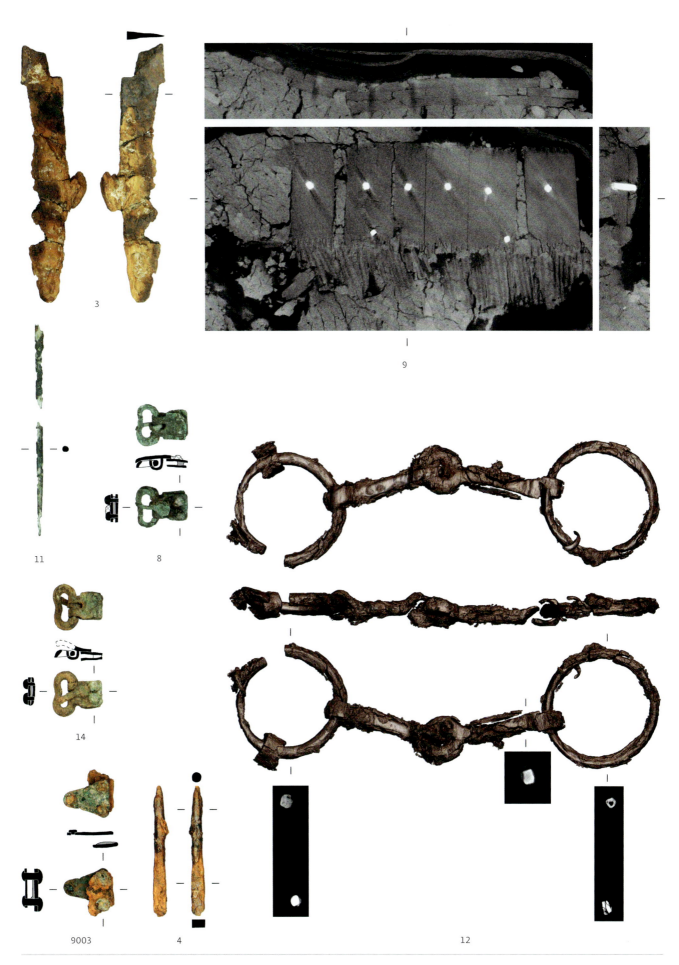

3

9

11

8

14

9003

4

12

Grab 876. 12 M. 1:2. 9, 12 CT.

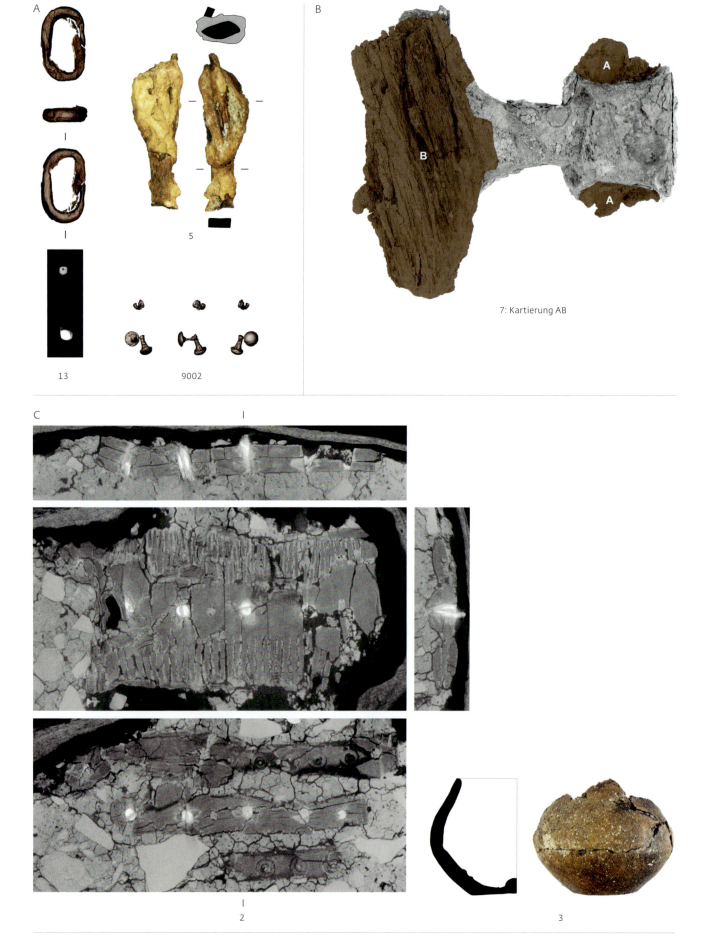

A   B

5

13   9002

7: Kartierung AB

C

2

3

A Grab 876. 13, 9002 CT. — B Grab 876 Organik. — C Grab 877. 3 M. 1:3. 2 CT.

A

B

2

1

8

3

5

3

7

4

6

A Grab 878. 2, 3 CT. — B Grab 879. 8 M. 1:3. 4, 5, 6, 7 CT.

A

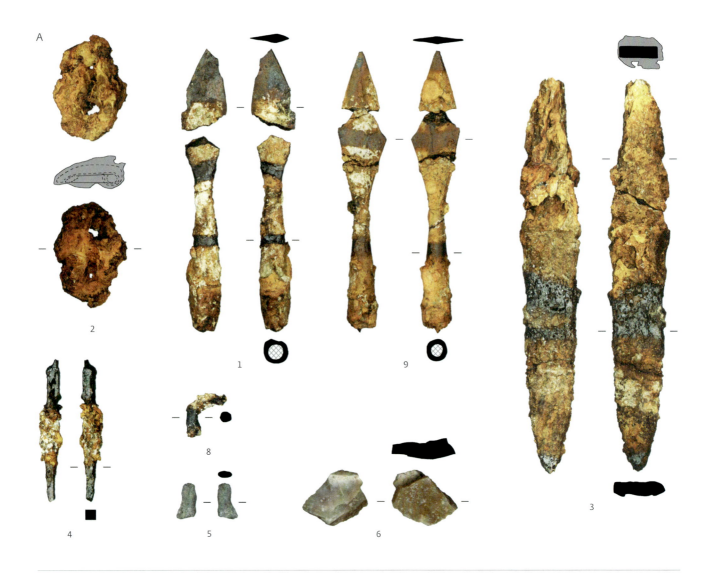

2

1

9

3

4

8

5

6

B

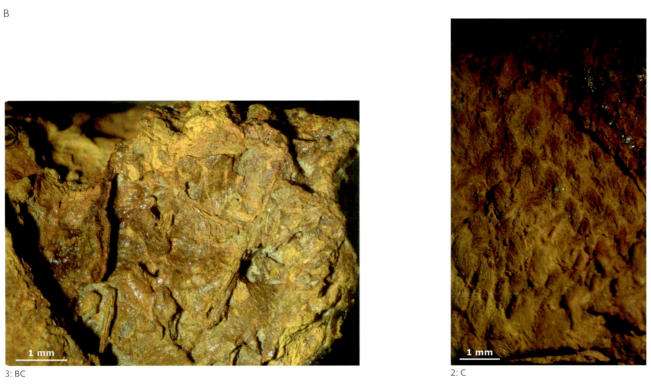

3: BC

2: C

A Grab 880. — B Grab 880 Organik.

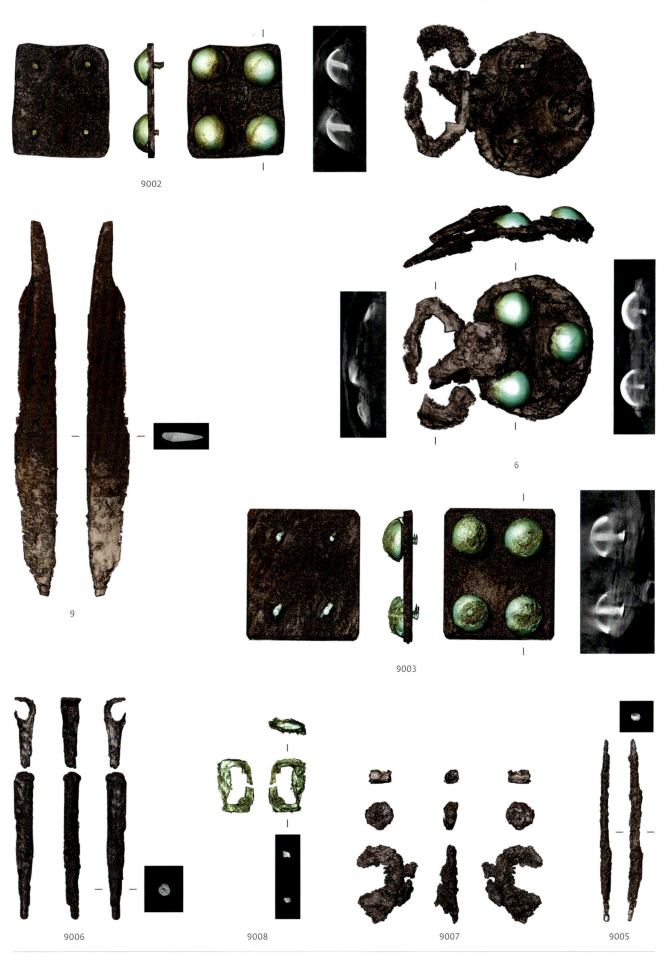

9002

9

6

9003

9006

9008

9007

9005

Grab 881. 9 M. 1:3. Alle CT.

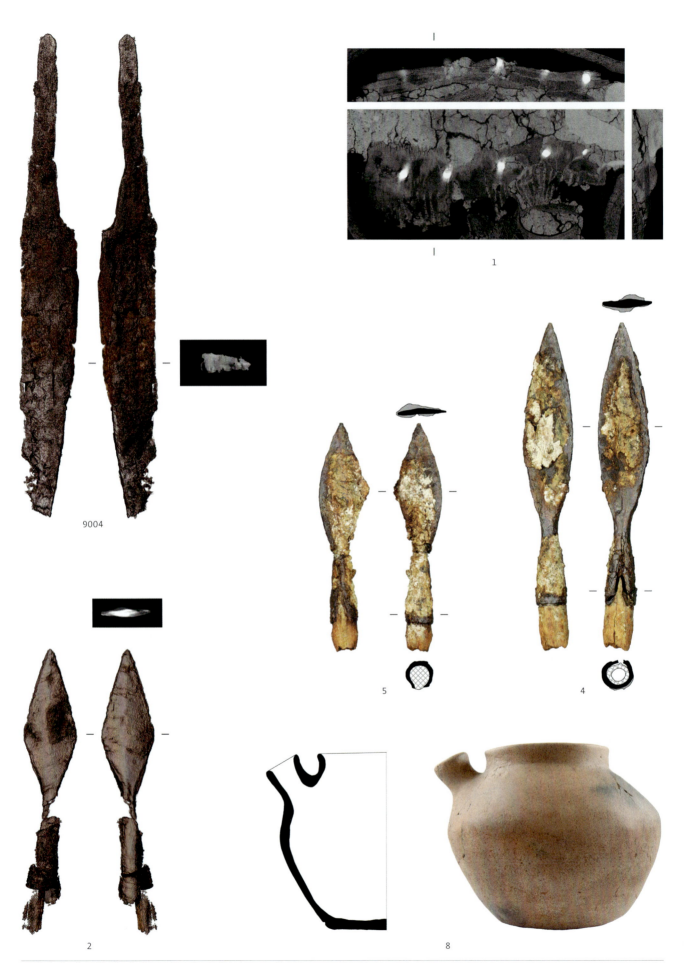

9004

1

5

4

2

8

Grab 881. 8 M. 1:3. 1, 2, 9006 CT.

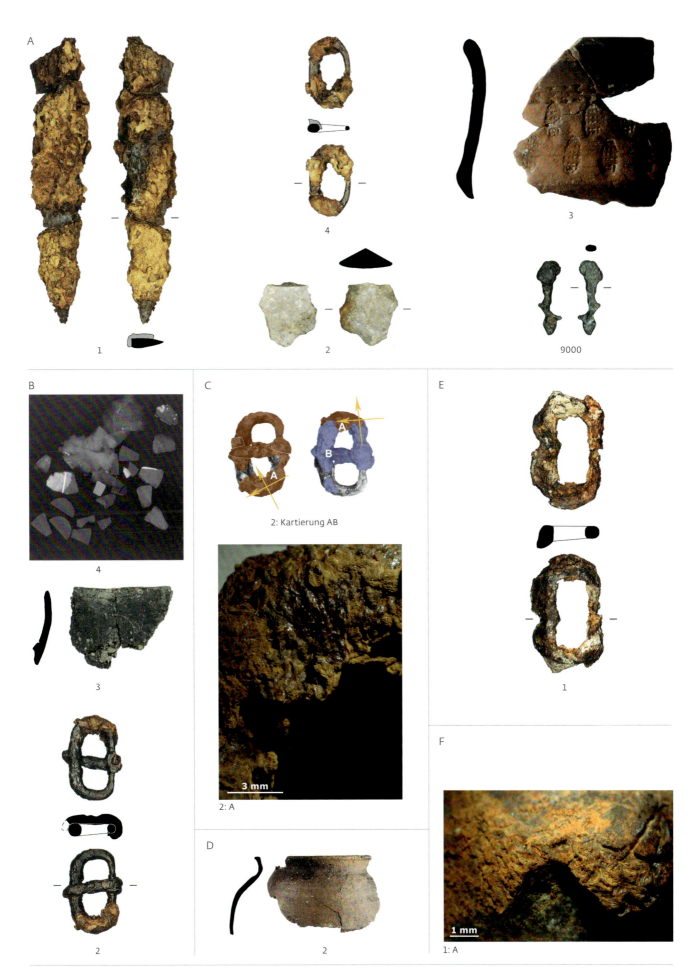

A Grab 882. — B Grab 883. — C Grab 883 Organik. — D Grab 884. 2 M. 1:3. — E Grab 885. — F Grab 885 Organik.

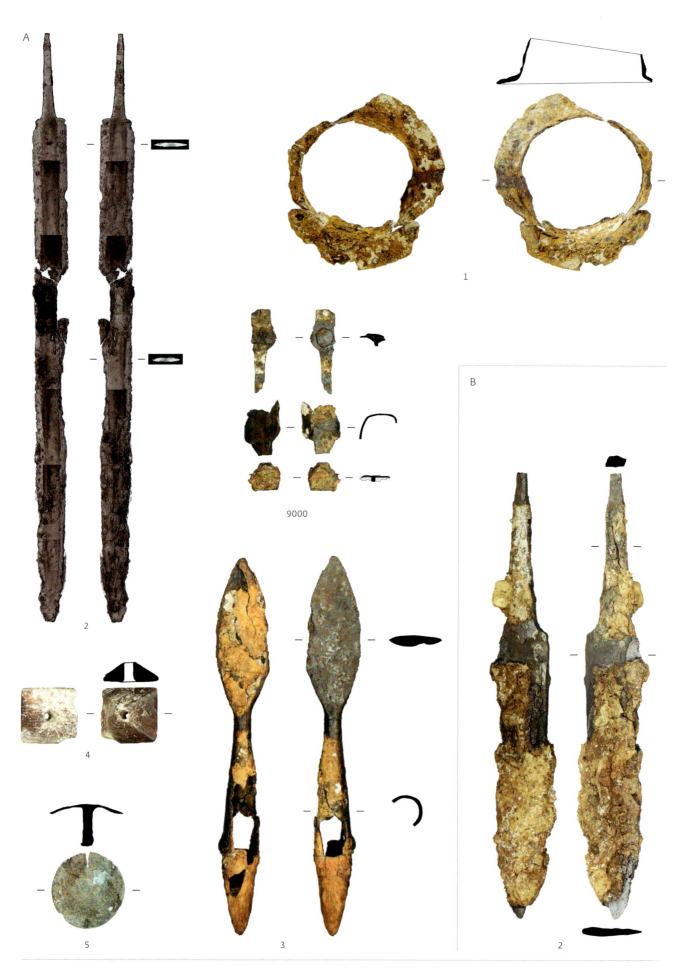

A

B

1

2

9000

4

5

3

2

A Grab 886. 2 M. 1:5. 3 M. 1:2. 1, 9000 M. 1:3. 2 CT. — B Grab 887.

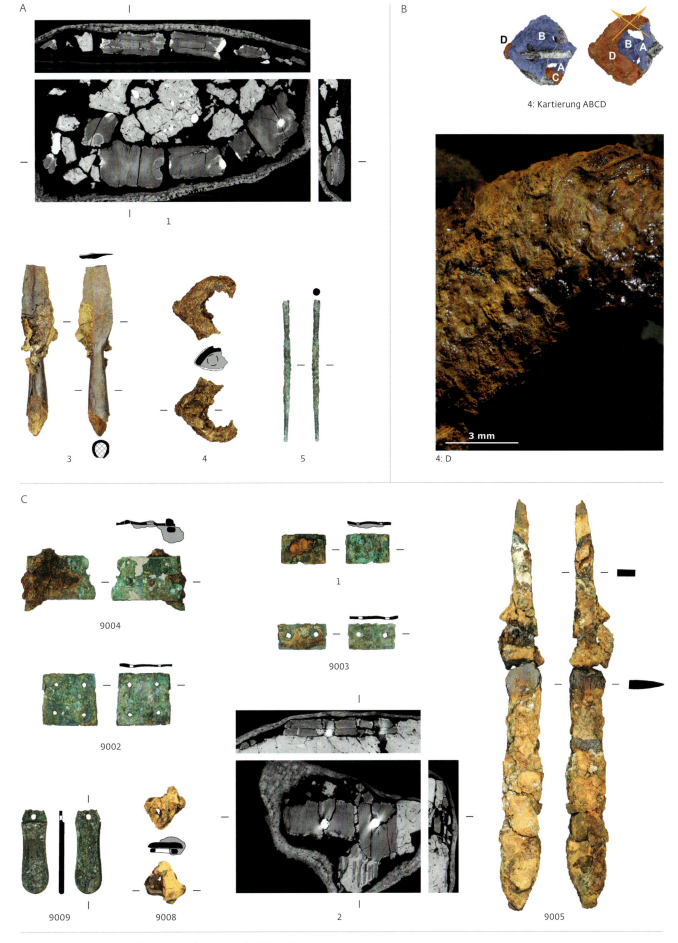

A

1

3

4

5

B

4: Kartierung ABCD

3 mm

4: D

C

9004

9003

9002

1

9009

9008

2

9005

A Grab 887. 1 CT. — B Grab 887 Organik. — C Grab 888. 2 CT.

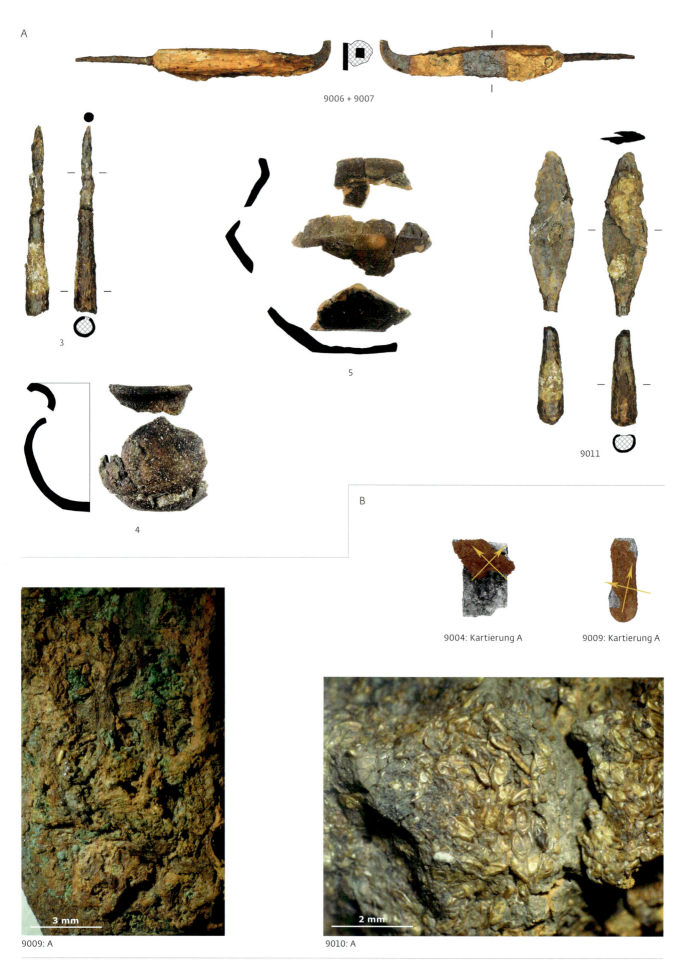

A

9006 + 9007

3

5

4

9011

B

9004: Kartierung A

9009: Kartierung A

3 mm

9009: A

2 mm

9010: A

A Grab 888. 4, 5 M. 1:3. — B Grab 888 Organik.

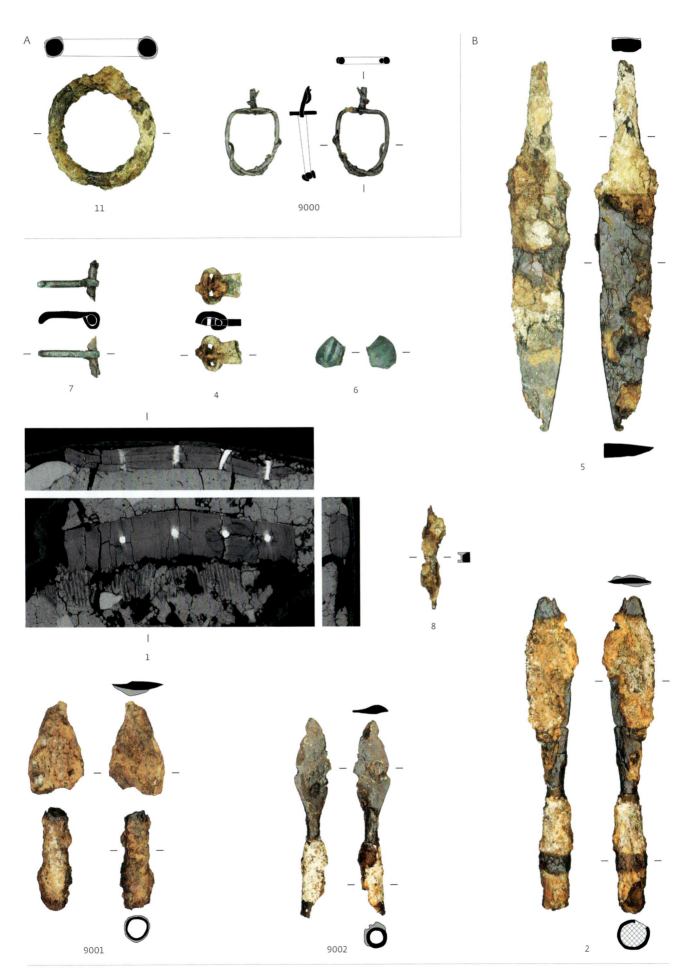

A

11

9000

B

7

4

6

5

1

8

9001

9002

2

A Grab 890. — B Grab 891. 1 CT.

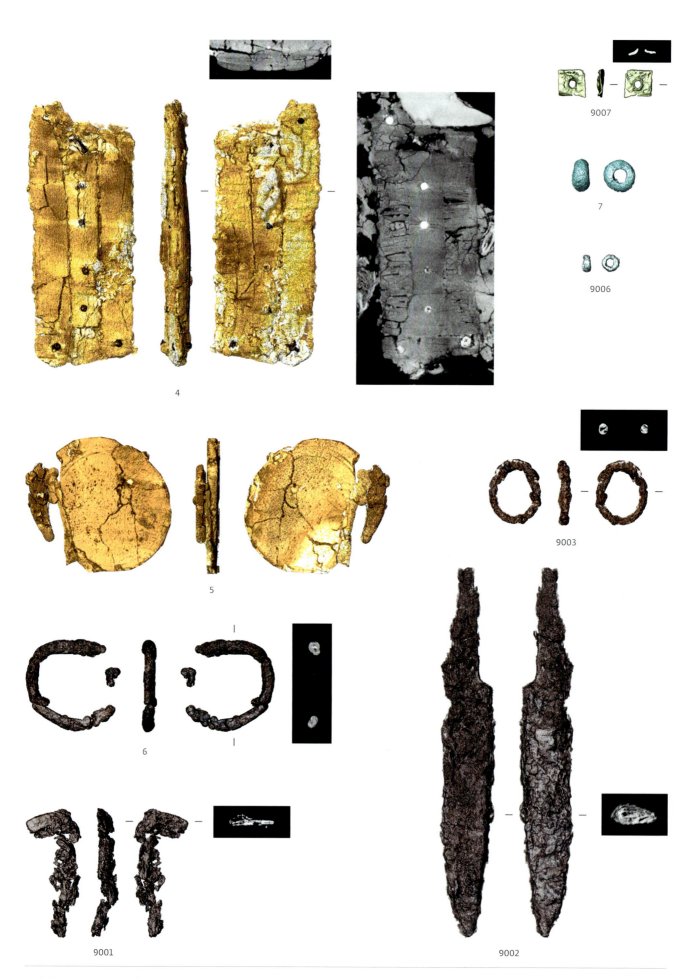

4

9007

7

9006

5

9003

6

9001

9002

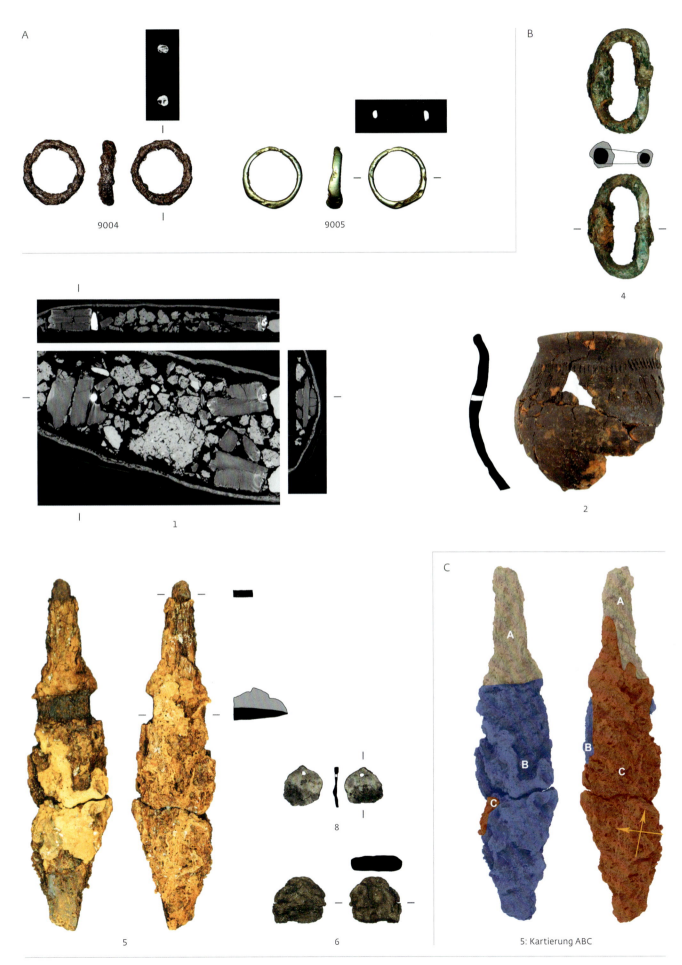

A

9004

9005

B

4

2

C

5

8

6

5: Kartierung ABC

A Grab 892. 9004, 9005 CT. — B Grab 893. 2 M. 1:3. 1 CT. — C Grab 893 Organik.

A

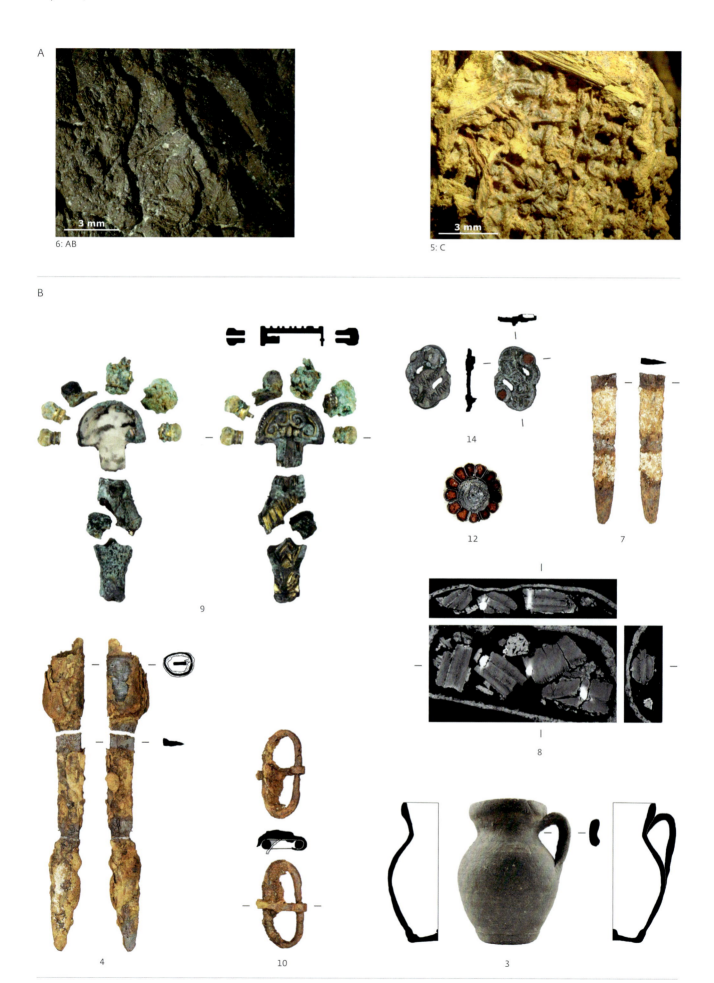

6: AB

5: C

B

9

14

12

7

4

10

8

3

A Grab 893 Organik. — B Grab 894. 3 M. 1:3. 8 CT.

A

4: Kartierung AB

4: B Patrone

3 mm

4: B

B

1

10

3

7

4

A Grab 894 Organik. — B Grab 896. 10 M. 1:3.

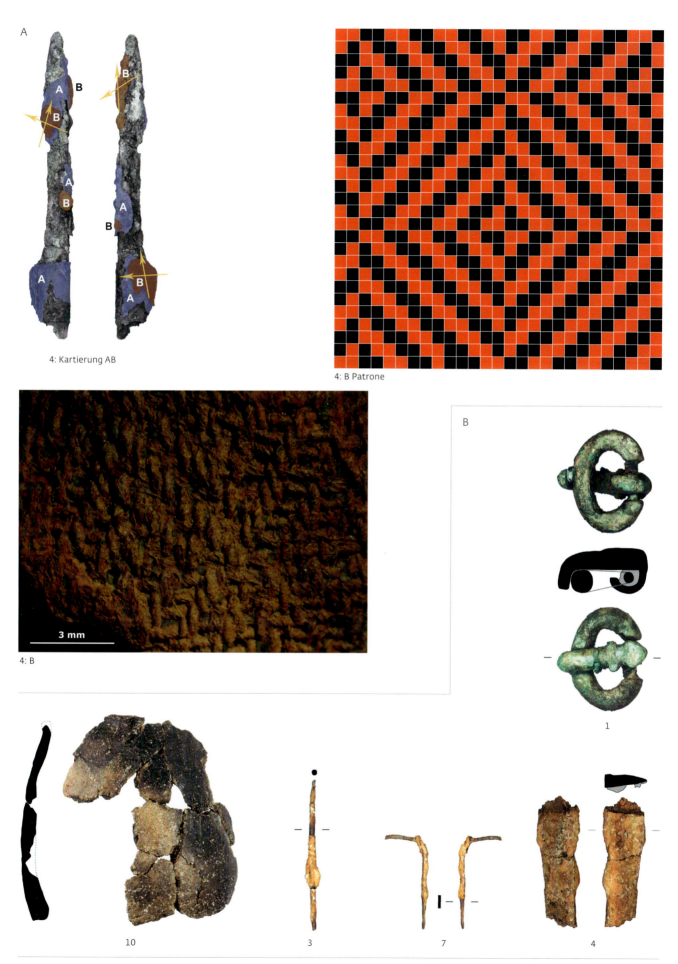

Tafel 206

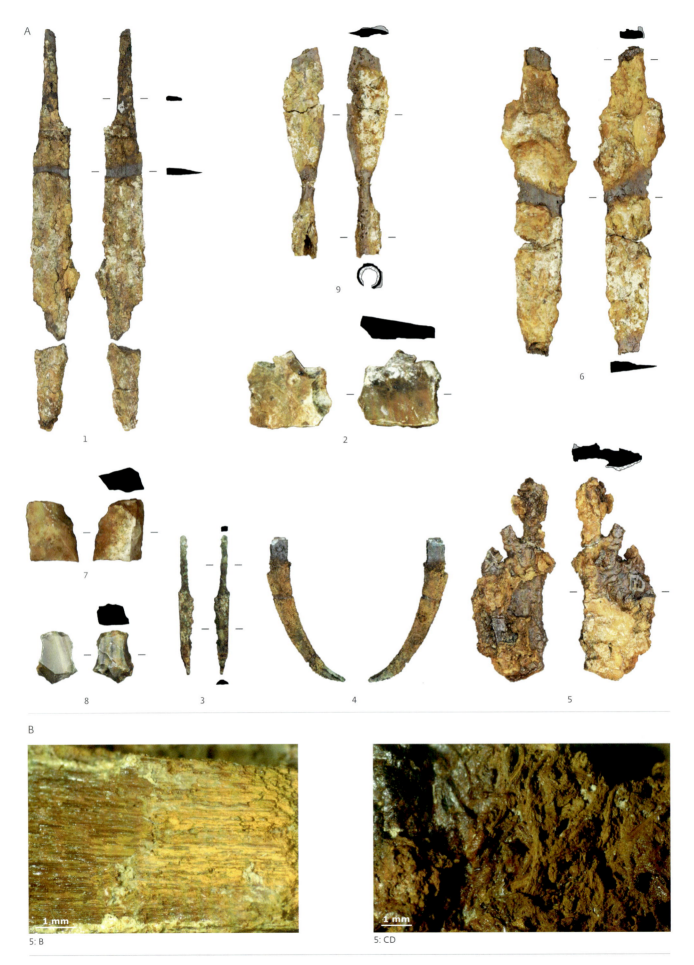

A

9

2

6

7

8

3

4

5

1

B

5: B

5: CD

A Grab 897. 1 M. 1:3. — B Grab 897 Organik.

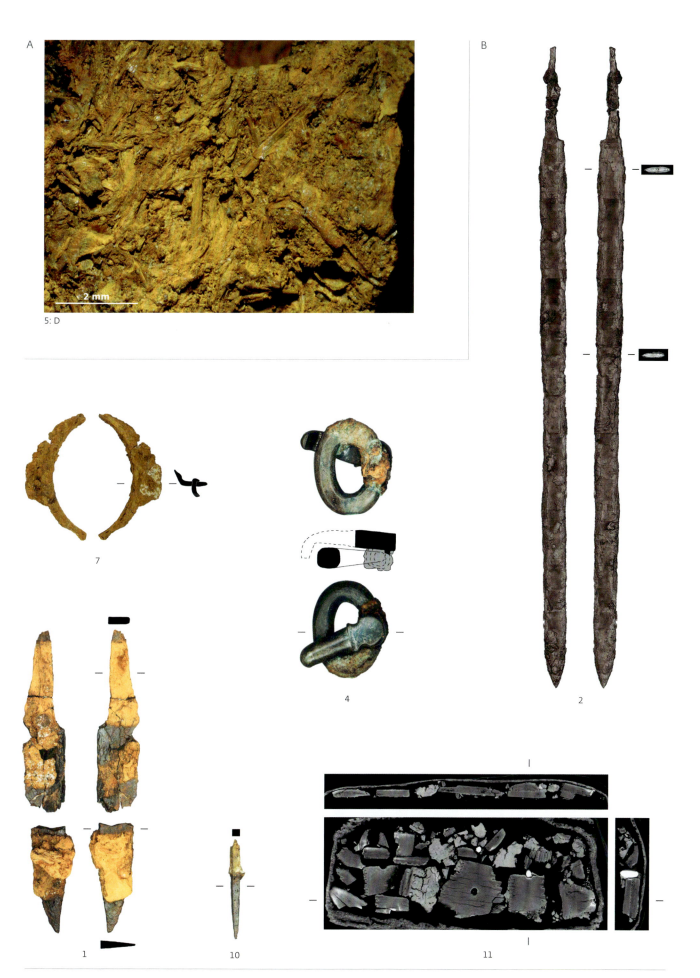

A

5: D

B

7

4

1

10

11

2

A Grab 897 Organik. — B Grab 898. 2 M. 1:5. 7 M. 1:3. 2, 11 CT.

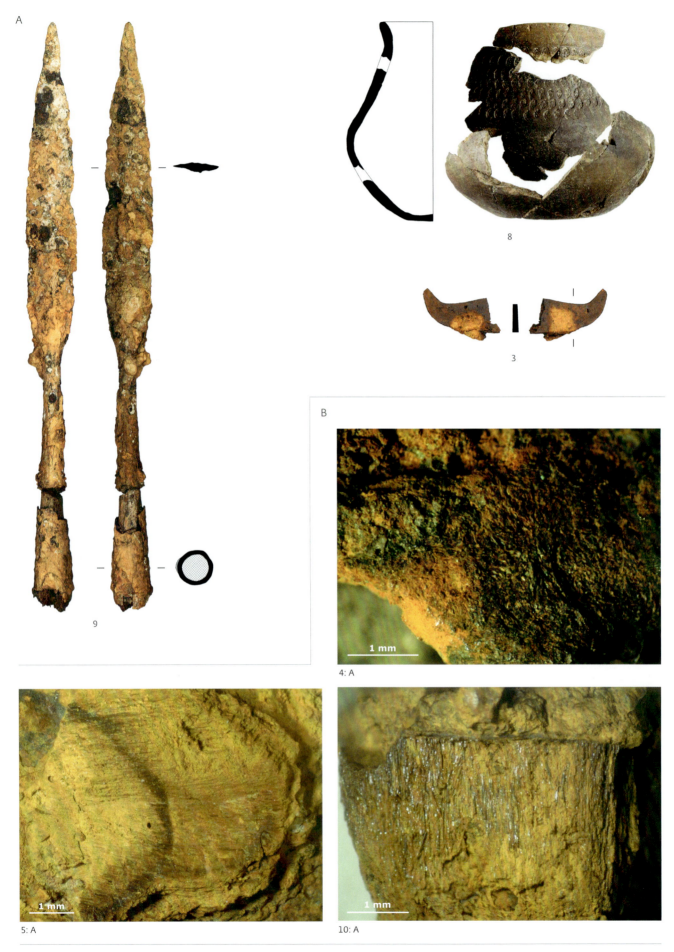

A

9

8

3

B

4: A

5: A

10: A

A Grab 898. 8, 9 M. 1:3. — B Grab 898 Organik. — Grab 899.

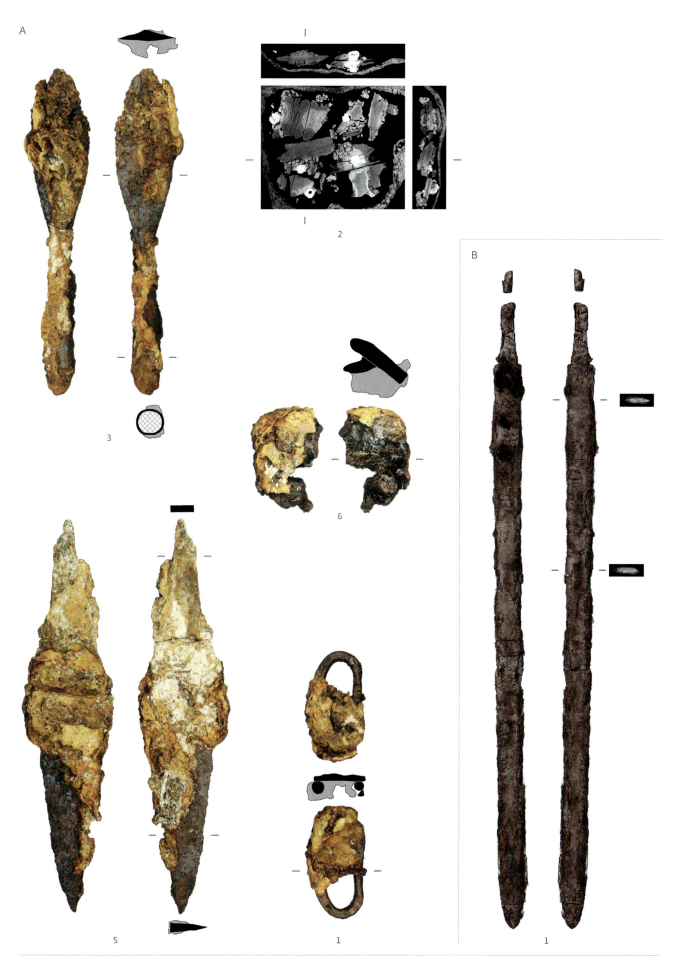

A Grab 899. 2 CT. — B Grab 900. 1 M. 1:5 CT.

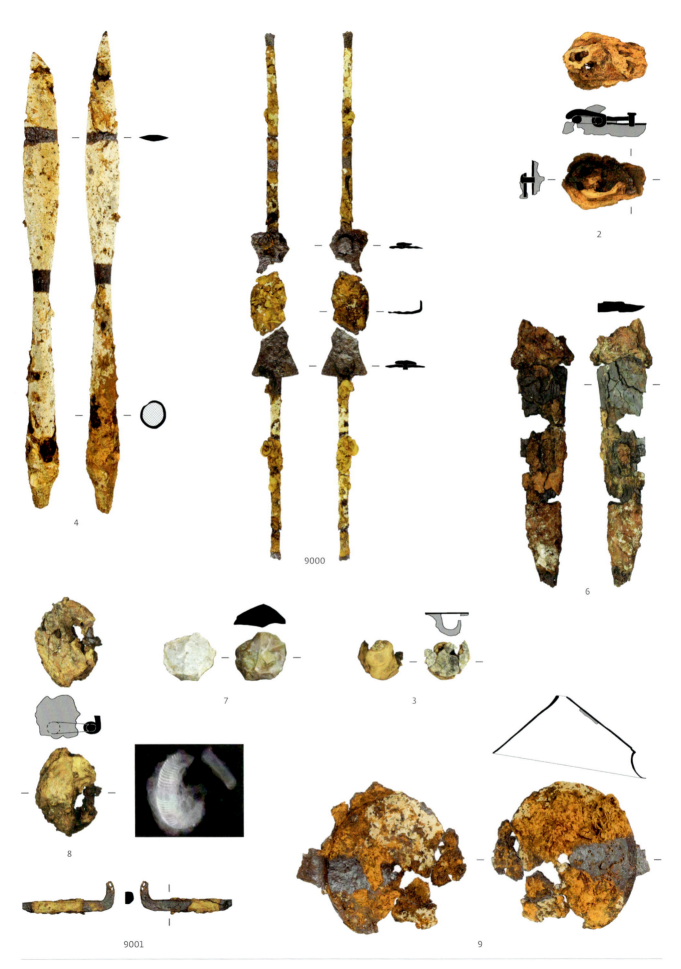

4

9000

2

6

7

3

8

9001

9